漢字マスター 한자마스타

改訂版・개정판

N3

Kanji for intermediate level

アークアカデミー 編著

KANJI

모닝에듀(주)

漢字マスター N3　目次

はじめに 6
本書の特長 8
学習の進め方 10

1章　生活

生活1	起 寝 浴 湯	□（　／　）	12
生活2	洗 濯 干 活	□（　／　）	13
ゴミ	拾 捨 燃 袋	□（　／　）	14
カレンダー1	曜 末 昨 翌	□（　／　）	15
カレンダー2	予 定 用 事	□（　／　）	16
1章復習		問／20問	17

2章　料理

作る1	熱 冷 温 度	□（　／　）	18
作る2	材 型 焼 器	□（　／　）	19
食材1	卵 乳 粉 塩	□（　／　）	20
食材2	菜 果 豆 缶	□（　／　）	21
数え方	杯 枚 匹 量	□（　／　）	22
2章復習		問／20問	23
1・2章 アチーブメントテスト	／100	（　／　）	24
1・2章 クイズ		□（　／　）	26

3章　病院

体	頭 顔 首 鼻	□（　／　）	28
呼吸	呼 吸 息 汗	□（　／　）	29
検査	検 査 歯 痛	□（　／　）	30
けが	血 液 包 帯	□（　／　）	31
救急	救 助 死 亡	□（　／　）	32
3章復習		問／20問	33

4章　交通

交差点	角 曲 折 路	□（　／　）	34
事こ	追 突 転 倒	□（　／　）	35
位置	位 置 横 央	□（　／　）	36
高速道路1	直 線 逆 側	□（　／　）	37
高速道路2	注 意 橋 進	□（　／　）	38
4章復習		問／20問	39
3章・4章 アチーブメントテスト	／100	（　／　）	40
3章・4章 クイズ		□（　／　）	42

5章 スポーツ

勝負 (しょうぶ)	戦 決 勝 負	□ (/)			44
大会 (たいかい)	代 表 第 回	□ (/)			45
記録1 (きろく)	記 録 優 賞	□ (/)			46
記録2 (きろく)	秒 差 測 順	□ (/)			47
野球 (やきゅう)	球 打 投 点	□ (/)			48
5章 復習 (しょうふくしゅう)		問/20問			49

6章 感情 (かんじょう)

恋愛1 (れんあい)	感 情 恋 愛	□ (/)	50
恋愛2 (れんあい)	信 想 伝 欲	□ (/)	51
悩み (なや)	苦 悩 困 難	□ (/)	52
気持ちの表れ1 (きも あらわ)	怒 悲 笑 喜	□ (/)	53
気持ちの表れ2 (きも あらわ)	残 念 泣 涙	□ (/)	54
6章 復習		問/20問	55
5・6章 アチーブメントテスト	/100	(/)	56
5・6章 クイズ		□ (/)	58

7章 結婚 (けっこん)

結婚 (けっこん)	結 婚 紹 介	□ (/)	60
独身 (どくしん)	独 身 貯 期	□ (/)	61
婚約 (こんやく)	約 束 必 守	□ (/)	62
結婚式 (けっこんしき)	式 列 祝 酔	□ (/)	63
幸せ (しあわ)	永 願 幸 福	□ (/)	64
7章 復習		問/20問	65

8章 関係 (かんけい)

人間関係 (にんげんかんけい)	関 係 和 付	□ (/)	66
家族 (かぞく)	娘 老 婦 姓	□ (/)	67
仲間 (なかま)	仲 君 彼 他	□ (/)	68
友達 (ともだち)	初 再 久 達	□ (/)	69
個性 (こせい)	個 性 各 格	□ (/)	70
8章 復習		問/20問	71
7・8章 アチーブメントテスト	/100	(/)	72
7・8章 クイズ		□ (/)	74

9章 学校 (がっこう)

子ども (こ)	幼 児 童 徒	□ (/)	76
先生 (せんせい)	担 任 師 組	□ (/)	77
教室 (きょうしつ)	机 座 板 筆	□ (/)	78
社会科 (しゃかいか)	政 治 経 済	□ (/)	79
体育 (たいいく)	具 箱 棒 伸	□ (/)	80
9章 復習		問/20問	81

10章 受験（じゅけん）

希望（きぼう）	希 望 夢 的	□ （　／　）	82
学校探し（がっこうさがし）	可 能 調 選	□ （　／　）	83
面接1（めんせつ）	面 接 受 落	□ （　／　）	84
面接2（めんせつ）	倍 率 平 均	□ （　／　）	85
成績（せいせき）	成 績 良 悪	□ （　／　）	86
10章 復習（ふくしゅう）		問/20問	87
9・10章 アチーブメントテスト　/100		（　／　）	88
9・10章 クイズ		（　／　）	90

1 − 10章 まとめテスト　/100	（　／　）	92

11章 授業（じゅぎょう）

授業（じゅぎょう）	授 業 級 卒	□ （　／　）	94
欠席（けっせき）	欠 席 由 訳	□ （　／　）	95
説明（せつめい）	例 易 解 説	□ （　／　）	96
努力（どりょく）	覚 忘 努 続	□ （　／　）	97
勉強（べんきょう）	要 復 補 効	□ （　／　）	98
11章 復習（ふくしゅう）		問/20問	99

12章 地球（ちきゅう）

生物（せいぶつ）	種 類 存 在	□ （　／　）	100
天体（てんたい）	陽 巨 氷 河	□ （　／　）	101
自然（しぜん）	季 候 暖 流	□ （　／　）	102
地形1（ちけい）	形 底 深 浅	□ （　／　）	103
地形2（ちけい）	島 陸 岸 坂	□ （　／　）	104
12章 復習（ふくしゅう）		問/20問	105
11・12章 アチーブメントテスト　/100		（　／　）	106
11・12章 クイズ		□ （　／　）	108

13章 旅行（りょこう）

旅行1（りょこう）	準 備 迎 変	□ （　／　）	110
旅行2（りょこう）	飛 移 登 泊	□ （　／　）	111
ツアー	団 程 欧 州	□ （　／　）	112
観光1（かんこう）	観 舟 芸 演	□ （　／　）	113
観光2（かんこう）	仏 神 祭 絵	□ （　／　）	114
13章 復習（ふくしゅう）		問/20問	115

14章 家（いえ）

室内1（しつない）	押 引 取 消	□ （　／　）	116
室内2（しつない）	戸 窓 階 段	□ （　／　）	117
植物（しょくぶつ）	植 葉 実 根	□ （　／　）	118
建築（けんちく）	建 築 構 造	□ （　／　）	119
室内3（しつない）	設 柱 庫 向	□ （　／　）	120

	14章 復習		問/20問	121
	13・14章 アチーブメントテスト /100		(/)	122
	13・14章 クイズ		□ (/)	124

15章 仕事（しごと）

求職（きゅうしょく）	仕 職 求 探		□ (/)	126
マナー	常 識 失 礼		□ (/)	127
仕事1（しごと）	労 員 官 局		□ (/)	128
仕事2（しごと）	辞 退 積		□ (/)	129
給料（きゅうりょう）	給 収 支 厚		□ (/)	130
15章 復習		問/20問		131

16章 会議（かいぎ）

会議1	議 賛 反 対		□ (/)	132
会議2	肯 否 保 留		□ (/)	133
会議3	判 断 確 認		□ (/)	134
会議4	報 告 連 絡		□ (/)	135
会議5	相 談 指 示		□ (/)	136
16章 復習		問/20問		137
15・16章 アチーブメントテスト /100			(/)	138
15・16章 クイズ			□ (/)	140

17章 会社（かいしゃ）

経えい者（けいえいしゃ）	最 副 管 者		□ (/)	142
世代（せだい）	現 旧 昔 次		□ (/)	143
予算（よさん）	費 算 供 税		□ (/)	144
工場（こうじょう）	機 械 危 険		□ (/)	145
貿易（ぼうえき）	技 術 貿 商		□ (/)	146
17章 復習		問/20問		147

18章 単位（たんい）

単位1（たんい）	単 複 全 以		□ (/)	148
単位2（たんい）	未 満 無 非		□ (/)	149
単位3（たんい）	億 兆		□ (/)	150
18章 復習		問/20問		151
17・18章 アチーブメントテスト /100			(/)	152
17・18章 クイズ			□ (/)	154
11－18章 まとめテスト /100			(/)	156

熟字訓（じゅくじくん）	158
索引（さくいん）	159
解答（かいとう）	165

はじめに

「漢字マスターシリーズ」は、日本語を学ぶ方が、ひらがな、カタカナの習得を経て、日本語の3つ目の文字である漢字を楽しみながらしっかりと学ぶことを目指して作成されました。本シリーズを使って学習を進めると、N5～N1の全シリーズ修了時には2010年11月30日告示の「常用漢字表」一覧に掲載された2136字に、その他に使用頻度が高いと思われる表外字14字を加えた2150字が習得できます。

　本シリーズは、漢字とともに、多くの語彙や慣用句も一緒に習得できるように作られています。提示した語例や例文は、日常生活の中で身近に接することが多いものをとりあげましたので、漢字そのものの学習とともに生活の中でよく使われる言葉や表現を増やすことが可能です。また、非漢字圏の方にも学びやすいように、漢字には全てルビを振りました。プレッシャーを感じることなく漢字の能力を伸ばすことができるからです。

　『漢字マスターN3』は、原則として、各章20文字、1ページに4文字を提示してあります。たとえば、1日1～2ページ、1日1章のように計画を立てて学習すると、349字の漢字と日常生活に必要な語彙を習得できます。『漢字マスターN5、N4』に掲載した基礎漢字326字と合わせると、合計675字の習得が可能です。本書に掲載した漢字はN2レベルに進む前に必ずマスターすることを目指してください。

　本シリーズは長きにわたる改訂を重ね、その結果、理想の教材に近づいたと自負しております。私たちを支えてくださった多くの皆様に心からお礼を申し上げます。皆様の漢字学習が成功することを執筆者一同、願っています。

アークアカデミー

들어가며 ....

「한자마스타 시리즈」는 일본어를 배우는 분이 히라가나, 가타카나 학습을 거쳐 일본어의 3번째 문자인 한자를 즐기며 확실하게 배우는 것을 목표로 하여 작성되었습니다. 본 시리즈를 사용하여 학습을 진행하면, N5~N1 전 시리즈를 수료하였을 시에 「상용한자표」(2010.11.30 고시) 일람에 게재된 2,136자에 더하여, 사용빈도가 높다고 여겨지는 표외자 14자를 더한 2,150자를 학습할 수 있습니다.

본 시리즈는 상용한자표에 있는 한자의 읽는 법을 망라하고 있으며, 한자와 함께 많은 어휘와 관용구 또한 함께 학습할 수 있도록 만들어져 있습니다. 제시된 단어의 예나 예문은 일상생활 중 쉽게 접할 수 있는 것을 수록하였기 때문에, 한자 자체의 학습과 함께 생활이나 신문, 잡지에서 많이 쓰이는 단어나 표현을 배우는 것이 가능합니다. 또한, 비한자권의 학습자 분들도 부담 없이 한자 능력을 키울 수 있도록 모든 한자에 발음을 표기했습니다.

『한자마스타 N3』는 원칙으로서 각 장(章) 20자, 한 페이지당 4자를 제시하고 있습니다. 예를 들어, 하루 1~2페이지, 하루 1장(章)과 같이 계획을 세워서 학습하면 349자의 한자와 일상생활에 필요한 어휘를 학습할 수 있습니다. 『한자마스타 N5, N4』에 게재된 기초한자 326자와 합하면 도합 675자를 학습할 수 있습니다. 본 책에 게재된 한자는 N2 레벨에 넘어가기 전에 반드시 마스터하는 것을 목표하여 주세요.

본 시리즈는 긴 시간에 걸쳐 개정을 거듭해, 그 결과 이상적인 교재에 근접했다고 자부하고 있습니다. 저희를 지지해 주신 많은 분들께 진심으로 감사의 말씀을 드립니다. 여러분의 한자학습이 성공하길 집필진 모두가 진심으로 바라고 있습니다.

아크아카데미

本書の特長

POINT 1. 効率的に学べる

『漢字マスターN3』では、学ぶ方が漢字学習に親しみやすさを感じられるように、身近な生活で遭遇するカテゴリー別に分類しました。各カテゴリーには更に小タイトルをつけて、イメージしやすい場面から効率的に学べるように、配置しました。

例） 1章　生活
- 生活1 ・・・・ 起　寝　浴　湯
- 生活2 ・・・・ 洗　濯　干　活
- ゴミ ・・・・ 拾　捨　燃　袋
- カレンダー1 ・・ 曜　末　昨　翌
- カレンダー2 ・・ 予　定　用　事

2章　料理
- 作る1 ・・・・ 熱　冷　温　度
- 作る2 ・・・・ 材　型　焼　器
- 食材1 ・・・・ 卵　乳　粉　塩
- 食材2 ・・・・ 菜　果　豆　缶
- 数え方 ・・・・ 杯　枚　匹　量

POINT 2. 漢字を学びながら生活に必要な語彙も増やせる

提示した語例や例文は、日常生活で接することの多いものを取り上げました。また、広く現代で使われる言葉も加えました。

POINT 3. 美しく読みやすい文字が書ける

本書のフォントは、モリサワUDデジタル教科書体を採用しました。学習する方にとって文字の形がわかりやすく、間違えにくいフォントです。手本をよく見て、きれいな形の文字をマスターしてください。

POINT 4. 確実に学べる

各章で学んだ漢字は、「復習」で確認することができます。さらに「アチーブメントテスト」で実力を試すことができます。加えて「クイズ」もついていますので、ゲーム感覚で楽しく、そして、確実に漢字を習得することができます。

POINT 5. 熟字訓を知る

漢字二字、または三字などからなる熟字を訓読みしたものを熟字訓といいます。漢字一字の音訓によらずに、言葉を全体として読む読み方です。熟字訓は100以上ありますが、本書では、N5、N4、N3レベルの漢字を用いたものを取り上げました。

例） 小豆・・・・あずき　　お神酒・・・おみき　　今朝・・・けさ
　　母さん・・・かあさん　五月雨・・・さみだれ　竹刀・・・しない

본 책의 특징

POINT 1. 효율적으로 배울 수 있다

『한자마스타 N3』에서는 배우시는 분이 한자 학습에 친근감을 느끼실 수 있도록, 일상생활에서 조우하는 카테고리 별로 구성하였습니다. 나아가 각 장(章)에는 소 타이틀을 붙여, 떠올리기 쉬운 장면부터 효율적으로 배울 수 있도록 배치하였습니다.

例) 1章　生活
　　生活1 ・・・・・ 起　寝　浴　湯
　　生活2 ・・・・・ 洗　濯　干　活
　　ゴミ　・・・・・ 拾　捨　燃　袋
　　カレンダー1 ・・ 曜　末　昨　翌
　　カレンダー2 ・・ 予　定　用　事

2章　料理
　　作る1 ・・・・・ 熱　冷　温　度
　　作る2 ・・・・・ 材　型　焼　器
　　食材1 ・・・・・ 卵　乳　粉　塩
　　食材2 ・・・・・ 菜　果　豆　缶
　　数え方 ・・・・・ 杯　枚　匹　量

POINT 2. 한자를 배우면서 생활에 필요한 어휘도 늘릴 수 있다

제시한 어휘나 예문은 일상생활에서 가깝게 접하는 일이 많은 것을 수록하였습니다. 또한, 널리 현대에 쓰이는 단어를 추가하였습니다.

POINT 3. 아름답고 읽기 쉬운 문자를 쓸 수 있다

본 책의 글꼴은 모리사와 UD 디지털 교과서체를 채용하였습니다. 학습하는 분이 문자의 모양을 알기 쉽고, 헷갈리지 않는 글꼴입니다. 글자의 본을 잘 보고, 예쁜 모양의 문자를 마스터하세요.

POINT 4. 확실하게 배울 수 있다

각각 장(章)에서 배운 한자는「복습」으로 확인할 수 있습니다. 나아가「성과 테스트」에서 실력을 가늠할 수 있습니다. 더하여「퀴즈」도 있으므로, 게임을 하는 감각으로 즐겁게, 그리고 확실하게 한자를 학습할 수 있습니다.

POINT 5. 숙자훈(熟字訓)을 알게 된다

한자 두 자, 또는 세 자 등으로 이루어진 숙자를 훈독으로 읽은 것을 숙자훈이라고 합니다. 한자 한 자의 음훈에 상관없이, 단어를 전체로써 읽는 방법입니다. 숙자훈은 100개 이상 있습니다만, 본 책에서는 N5, N4, N3 레벨의 한자를 사용한 것을 수록하였습니다

例) 小豆・・・・あずき　　　お神酒・・・おみき　　　今朝・・・けさ
　　母さん・・・かあさん　　五月雨・・・さみだれ　　竹刀・・・しない

学習の進め方

漢字学習の進め方を次に記します。学習中もこの「学習の進め方」を確認し、字形、筆順を常に意識しましょう。

STEP 1. 章はカテゴリー別になっています。各カテゴリーには小タイトルがついています。まず、タイトルごとにどんな漢字を学ぶか確認します。

STEP 2. 新しく学ぶ親字の横にある、訓読み、音読み、送りがなを確認します。

STEP 3. 親字の右にある、画数を確認します。

STEP 4. まず、うすい文字の上をなぞります。そして、手本を見て視写をくりかえし、正しい字形を覚えます。

STEP 5. 「漢字を読みましょう」「漢字を書きましょう」の問題に進みます。言葉の意味や読み、正しい書き方を覚えます。

STEP 6. 復習、アチーブメントテスト、クイズ、まとめテストに進みます。

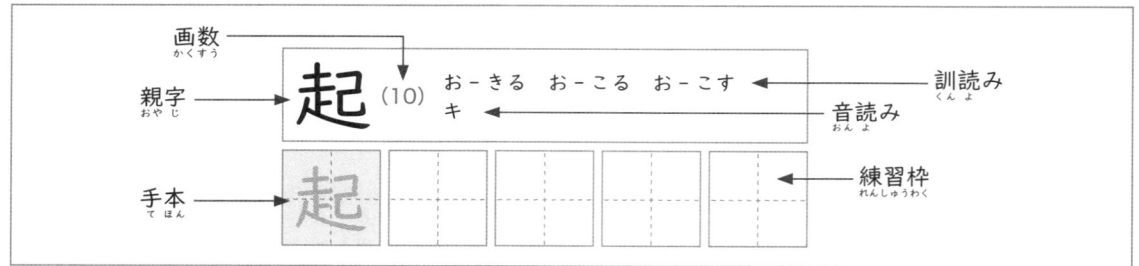

| 復習 | 学習した漢字の定着度を確認するために、1章ごとの問題を解きます。確認や苦手な漢字の発見に活用してください |

| アチーブメントテスト | 2章ごとに1回あります。アチーブメントテストを解き、自身のレベルチェックに利用してください。 |

| クイズ | 学習に変化をつけ、楽しく学べるように2章ごとに1回クイズもあります。宿題やテスト等に活用してください。 |

漢字学習☑ ⇒ 復習☑ ⇒ アチーブメントテスト☑ ⇒ クイズ☑ ⇒ まとめテスト☑

| まとめテスト | 総復習として、1章~10章、11章~18章のまとめテストがありますので、定着、確認のために利用してください。 |

| 目次 | 理解度の把握のために、チェック欄☑、および学習日程(　/　)をつけました。独学の場合も授業で取り扱う場合も、学習計画や定着度の確認等に役立ててください。 |

| とくべつな言葉 | 常用漢字表に掲載されている読みは網羅しましたが、難度が高いと判断した読みを持つ言葉は欄外に示しました。 |

학습의 진행 방법

한자학습의 진행방법을 알려드립니다. 학습 중에도 이「학습의 진행 방법」을 확인하여, 자형, 필순을 항상 의식합시다.

STEP 1. 장(章)은 카테고리 별로 이루어져 있습니다. 각 카테고리에는 소 타이틀이 있습니다. 먼저, 타이틀 별로 어떤 한자가 있는지 확인합니다.

STEP 2. 새롭게 배울 한자의 옆에 있는 훈독, 음독, 오쿠리가나를 확인합니다.

STEP 3. 표제 한자의 옆에 있는 획수를 확인합니다.

STEP 4. 먼저 옅게 쓰여진 글자 위에 덧씁니다. 그리고 본보기를 보고 베껴 쓰기를 반복하여, 알맞은 자형을 외웁니다

STEP 5. 한자를 읽읍시다 (「かんじをよみましょう」), 한자를 씁시다 (「かんじをかきましょう」)문제로 넘어갑니다. 단어의 의미나 독음, 올바르게 쓰는 법을 외웁니다

STEP 6. 복습, 성과 테스트, 퀴즈, 정리 테스트를 진행합니다.

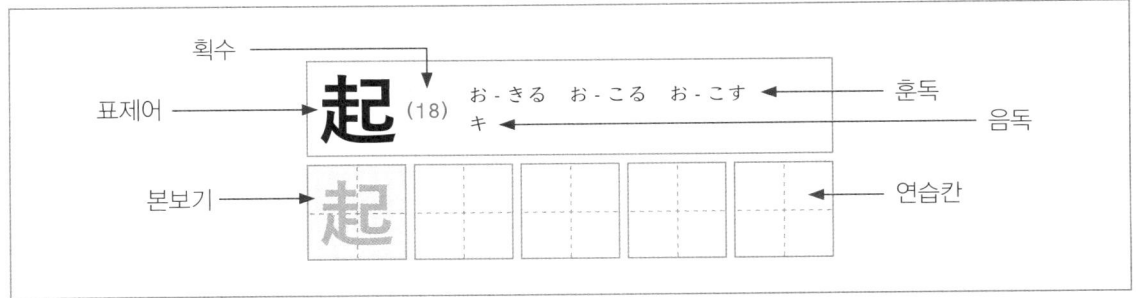

| 복습 | 학습한 한자의 정착도를 확인하기 위해, 한 장마다 문제를 풉니다. 확인이나 약한 한자를 발견하기 위해 활용하여 주세요. |

| 성과 테스트 | 두 장마다 1회씩 있습니다. 성과 테스트를 풀고, 자신의 레벨 체크를 위해 이용하여 주세요 |

| 퀴즈 | 학습에 변화를 주어 즐겁게 공부할 수 있도록 2장(章)마다 1회씩 퀴즈도 있습니다. 숙제나 테스트 등에 활용해 주세요 |

한자학습 ☑ ⇒ 복습 ☑ ⇒ 성과 테스트 ☑ ⇒ 퀴즈 ☑ ⇒ 정리 테스트 ☑

| 정리 테스트 | 총 복습으로써, 1장~10장, 11장~18장의 정리 테스트가 있으므로, 정착, 확인을 위해 이용하여 주세요. |

| 목차 | 이해도 파악을 위해 체크란 ☑ 및 학습일정 (/)을 첨부하였습니다. 독학인 경우에도 수업에서 사용하는 경우에도, 학습계획이나 정착도의 확인 등에 유용하게 사용하여주세요. |

| 특별한 단어 | 상용한자표에 게재되어 있는 독음은 망라하였으나, 난이도가 높다고 판단되는 독음을 가진 단어는 칸 밖에 수록하였습니다. |

1章 生活

生活 1

起 (10)	お－きる　お－こる　お－こす　キ

寝 (13)	ね－る　ね－かす　シン

浴 (10)	あ－びる　あ－びせる　ヨク

湯 (12)	ゆ　トウ

◆ 漢字を読みましょう

① 休日はいつもより遅く<u>起き</u>る。
② 地震が<u>起こっ</u>たら机の下に入る。
③ 毎朝、母に<u>起こし</u>てもらっている。
④ 明日は試験だから5時<u>起</u>しょうだ。
⑤ <u>寝</u>ながらスマホを見るのはよくない。
⑥ もう9時、子どもを<u>寝かす</u>時間だ。
⑦ <u>寝室</u>の電気をつけて<u>寝</u>てしまった。
⑧ 汗をかいたからシャワーを<u>浴び</u>る。
⑨ かぜのときは<u>入浴</u>しないほうがいい。
⑩ <u>お湯</u>をわかしてコーヒーを入れる。

① ② ③ ④ ⑤

⑥ ⑦ ⑧ ⑨ ⑩

◆ 漢字を書きましょう

① はやねはやおきは体のためによい。
② パソコンを<u>再き</u>どうさせる。
③ <u>ねぼう</u>して学校に遅こくした。
④ 毎日、昼食後に少し<u>ひるね</u>する。
⑤ 子どもはよく親に質問を<u>あびせる</u>。
⑥ <u>よくしつ</u>をきれいにそうじする。
⑦ ゆっくりと<u>ゆぶね</u>につかる。
⑧ <u>ねっとう</u>を入れて3分待つ。

① ② ③ ぼう ④

⑤ ⑥ ⑦ ⑧ 熱

1章 生活

生活 2
せいかつ

Life 2
生活 2
Cuộc sống 2

洗 (9)	あらーう セン				
洗					

濯 (17)	タク				
濯					

干 (3)	ほーす ひーる カン				
干					

活 (9)	カツ				
活					

◆ 漢字を読みましょう

① 食器をきれいに洗う。
② 毎日の手洗い・うがいが大切だ。
③ 洗濯機の使い方を教えてください。
④ ドラッグストアで洗剤を買った。
⑤ 天気がいい日は外にふとんを干す。
⑥ つった魚で干物を作る。
⑦ 母は私の行動や友人関係に干渉する。
⑧ 4月から新しい生活が始まる。
⑨ アルバイトで生活費をかせぐ。
⑩ 姉は活発だが、妹はおとなしい。

① ② ③ き ④ ざい ⑤

⑥ ⑦ しょう ⑧ ⑨ ひ ⑩

◆ 漢字を書きましょう

① セーターをあらったら小さくなった。
② おてあらいはまっすぐ行って右です。
③ せんたくものをたたむ。
④ シャツのしわを伸ばしてほす。
⑤ しょくせいかつに気をつける。
⑥ この店は店員が元気でかっきがある。
⑦ けん君はかっぱつに走り回っている。
⑧ ボランティアかつどうにさんかする。

① ② ③ ④

⑤ ⑥ ⑦ ⑧

ゴミ

Trash
垃圾
Rác thải

拾 (9) ひろ－う　シュウ　ジュウ

捨 (11) す－てる　シャ

燃 (16) も－える　も－やす　も－す　ネン

袋 (11) ふくろ　タイ

◆ 漢字を読みましょう

① 海岸のペットボトルを拾う。
② 校内の拾得物はスマホや定期が多い。
③ 着られなくなった洋服を捨てる。
④ 小数点第一位を四捨五入する。
⑤ 火事でとなりのアパートが燃えた。
⑥ 落ち葉を集めて燃す。
⑦ 可燃ゴミの日は火曜と木曜だ。
⑧ 買った食料品を袋に入れる。
⑨ 雨にぬれて紙袋がやぶれそうだ。
⑩ 寒い日は手袋をはめて出かける。

① 　　② とく　　③ 　　④ 　　⑤
⑥ 　　⑦ か　　⑧ 　　⑨ 　　⑩

◆ 漢字を書きましょう

① 道に落ちていたさいふをひろった。
② ボランティアでゴミひろいをした。
③ 道にゴミをすててはいけない。
④ ゴミのすてかたにはルールがある。
⑤ ガラスや刃物はふねんゴミで出す。
⑥ ここでゴミをもやさないでください。
⑦ ゴミは指定のふくろに入れて出す。
⑧ 有料のレジぶくろは使わない。

① 　　② 　　③ 　　④
⑤ 　　⑥ 　　⑦ 　　⑧

とくべつな言葉……　拾萬円（じゅうまんえん）、風袋（ふうたい）

1章　生活

カレンダー 1

Calendar 1
日历 1
Lịch 1

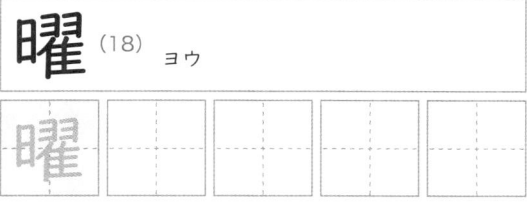

◆ 漢字を読みましょう

① 毎週水曜日が休みだ。
② 都合がいいのは火曜日だ。
③ この橋は 19 世紀の末ごろに作られた。
④ 今週の週末、友達と映画を見に行く。
⑤ 明日、期末テストが行われる。
⑥ 3 月末までの短期アルバイトをする。
⑦ 昨晩、友達と長時間ゲームした。
⑧ 昨年の夏はハワイへ旅行に行った。
⑨ 翌週のプレゼンの準備をする。
⑩ 台風の翌日はいい天気だった。

①　　　　②　　　　③　　　　④　　　　⑤ き

⑥　　　　⑦　　　　⑧　　　　⑨　　　　⑩

◆ 漢字を書きましょう

① もくようびと土日はアルバイトだ。
② 今週のきんようびにライブに行く。
③ げつまつまでに返事をください。
④ ねんまつねんしは海外ですごす。
⑤ 私は三人兄弟のすえっこだ。
⑥ さくじつはありがとうございました。
⑦ さくばんから熱が下がらない。
⑧ 大学入学のよくとし、恋人ができた。

①　　　　②　　　　③　　　　④

⑤　　　　⑥　　　　⑦　　　　⑧

とくべつな言葉……　末子
　　　　　　　　　　ばっし・まっし

カレンダー２

Calendar 2
日历 2
Lịch 2

予 (4)	ヨ

用 (5)	もち－いる ヨウ

定 (8)	さだ－まる　さだ－める　さだ－か テイ　ジョウ

事 (8)	こと ジ　ズ

◆ 漢字を読みましょう

① 来月、国へ帰る予定だ。
② 天気予報を見て、着る服を決める。
③ 学校のきそくを定める。
④ 彼が来るか、定かでない。
⑤ 定規で線を引く。
⑥ 次の会議は英語を用いて行われる。
⑦ 来週、子ども用の自転車を買う。
⑧ 毎日バスを利用して通学している。
⑨ くわしい事は明日話す。
⑩ 今月は大事な試験がある。

| ① | ② ほう | ③ | ④ | ⑤ ぎ |
| ⑥ | ⑦ | ⑧ | ⑨ | ⑩ |

◆ 漢字を書きましょう

① 来週のよていをカレンダーに書く。
② 毎日、授業のよしゅうをする。
③ ウェブからチケットをよやくする。
④ １日中考えて目ひょうがさだまった。
⑤ 駅の窓口でていけんを買う。
⑥ 急なようじで外出する。
⑦ しょくじの準備をする。
⑧ 毎月いろいろなぎょうじがある。

| ① | ② | ③ 約 | ④ |
| ⑤ 期 | ⑥ | ⑦ | ⑧ |

とくべつな言葉……好事家（こうずか）

1章 生活

1章 復習
しょう ふくしゅう

1. 漢字の読み方を書いてください。
かんじ よ かた か

① 寝室にはベッドと小さな本だなしか置いていない。　①
　ちい　ほん　お

② 年末年始は国に帰って家族とすごしたい。　②
　　　　　くに かえ　かぞく

③ 天気がいいのでふとんを干した。　③
　てんき

④ 先週、この交差点で車の事こが起こった。　④
　せんしゅう　こうさてん くるま じ　お

⑤ 4人兄弟の末っ子だったので、家族にかわいがられた。　⑤
　にんきょうだい　　　　　　　かぞく

⑥ 母がくれた手袋を今も大切にしている。　⑥
　はは　　　　いま たいせつ

⑦ 毎日の生活にテレビがないと不便だ。　⑦
　まいにち　　　　　　　　　ふべん

⑧ このシステムは世界中で広く用いられている。　⑧
　　　　　せかいじゅう ひろ

⑨ 熱湯を入れたら、ふたをして3分待ってください。　⑨ ねっ
　　　　い　　　　　　　　ぷんま

⑩ ゴミを燃やすエネルギーで電気を作る。　⑩
　　　　　　　　　　　　でんき つく

2. 漢字を書いてください。
かんじ か

① 毎朝はやおきして、子どもとジョギングしている。　①
　まいあさ　　　　こ

② 今年の夏休みは北海道に行くよていだ。　②
　ことし なつやす ほっかいどう い

③ スマホをりようした料金をはらう。　③
　　　　　　　　　りょうきん

④ 汗をかいたので、シャワーをあびてさっぱりしたい。　④
　あせ

⑤ 月に二回、ボランティアでゴミひろいをしている。　⑤
　つき にかい

⑥ プラスチックはすてないで、再利用する。　⑥
　　　　　　　　　　　　さいりよう

⑦ きれいにせんたくものをたたむのが苦手だ。　⑦
　　　　　　　　　　　　　　　　にがて

⑧ 毎週 きんようびに、スペイン語を習っている。　⑧
　まいしゅう　　　　　　　　ご なら

⑨ すみません。おてあらいはどちらですか。　⑨

⑩ だいじな約束を忘れて、恋人を怒らせた。　⑩
　　　　やくそく わす　こいびと おこ

17

2章 料理 / 作る 1

Cooking / 料理 / Nấu ăn
Cooking 1 / 制作 1 / Chế biến 1

熱 (15)	あつ-い / ネツ
冷 (7)	ひ-える ひ-やす さ-める さ-ます ひ-やかす つめ-たい ひ-や / レイ
温 (12)	あたた-まる あたた-める あたた-かい あたた-か / オン
度 (9)	たび / ド ト タク

◆ 漢字を読みましょう

① 熱いラーメンを食べて汗をかいた。
② インフルエンザで高い熱が出た。
③ ビールを冷やしておく。
④ このご飯は冷めてもおいしい。
⑤ 冷たいジュースを一気に飲んだ。
⑥ 日本酒を冷やで飲む。
⑦ スープを飲んだら、体が温まった。
⑧ 温かいみそ汁が飲みたい。
⑨ オーブンの温度を250℃にする。
⑩ 今日は気温が高くなるそうだ。

◆ 漢字を書きましょう

① あついスープでしたをやけどする。
② 寒さで体がすっかりひえてしまった。
③ 熱いコーヒーを少しさまして飲む。
④ 新婚の二人をみんなでひやかす。
⑤ 電子レンジでピザをあたためる。
⑥ 彼はあたたかな心を持った人だ。
⑦ たいおんけいで熱を測る。
⑧ 早起きして朝食のしたくをする。

⑧ 支

とくべつな言葉 …… 法度（はっと）

2章　料理

作る2
つく

Cooking 2
制作 2
Chế biến 2

材 (7) ザイ						型 (9) かた ケイ					
材						型					

焼 (12) や-ける や-く ショウ						器 (15) うつわ キ					
焼						器					

◆ 漢字を読みましょう

① チーズケーキの材料を買う。
② 古い木材を再利用していすを作る。
③ チョコレートを型から静かに出す。
④ 最新型のスマホは高くて買えない。
⑤ 新しい文型をひとつ覚えた。
⑥ 焼いたパンとコーヒーが毎朝の食事だ。
⑦ 日焼けで体中が真っ赤になった。
⑧ 理科の授業で燃焼の実験をする。
⑨ 料理にあわせて器をえらぶ。
⑩ 夕食に使った食器を洗う。

①　　　　②　　　　③　　　　④ さい　　⑤
⑥　　　　⑦　　　　⑧　　　　⑨　　　　⑩

◆ 漢字を書きましょう

① 料理の前にざいりょうを確認する。
② パーティー用のしょくざいを買う。
③ 優しゅうなじんざいがほしい。
④ 兄のたん生日にケーキをやいた。
⑤ パンがやけるいいにおいがする。
⑥ 友達にしょっきをプレゼントした。
⑦ ガラスのうつわにサラダをもる。
⑧ パティシエの彼は手先がきようだ。

①　　　　②　　　　③　　　　④
⑤　　　　⑥　　　　⑦　　　　⑧

食材 1

卵 (7) たまご / ラン

粉 (10) こな、こ / フン

乳 (8) ちち、ち / ニュウ

塩 (13) しお / エン

◆ 漢字を読みましょう

① 卵をわってボールに入れる。
② 卵白にさとうを入れてよくあわ立てる。
③ やぎの乳を使ったチーズはおいしい。
④ バターは牛乳から作られる。
⑤ 動物図かんで海のほ乳類を調べる。
⑥ 小麦粉でたこ焼きを作る。
⑦ 粉末スープにお湯を入れる。
⑧ 毎日、食後に2種類の粉薬を飲む。
⑨ 塩味のラーメンを注文する。
⑩ 塩をひとつまみ入れると味が変わる。

① ② ③ ④ ⑤ るい
⑥ ⑦ ⑧ ⑨ ⑩

◆ 漢字を書きましょう

① ゆでたまごの黄身は半じゅくがおいしい。
② らんおうだけでプリンを作る。
③ ぎゅうにゅうパックを再利用する。
④ パスタにこなチーズをかけて食べる。
⑤ この歯みがきこは歯が白くなる。
⑥ 春になるとかふんが大量に飛ぶ。
⑦ しおとこしょうで味をつける。
⑧ えんぶんの取りすぎはよくない。

① ② ③ ④
⑤ ⑥ ⑦ ⑧

とくべつな言葉……乳飲み子

食材 2

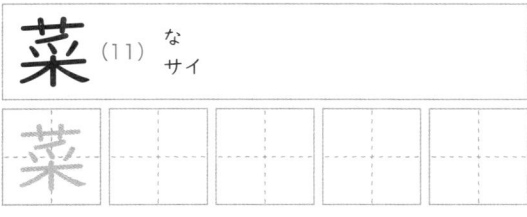

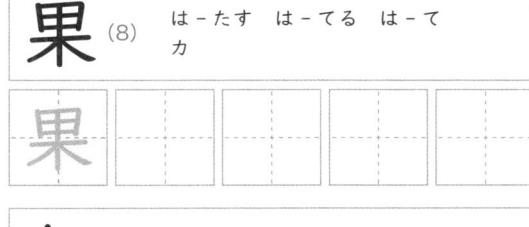

◆ 漢字を読みましょう

① 緑黄色野菜をたくさん食べる。
② 春になると菜の花で一面黄色になる。
③ 何があっても彼女との約束を果たす。
④ 働きすぎてつかれ果てた。
⑤ 世界の果てまで旅をしたい。
⑥ いろいろな果実酒を作る。
⑦ 2月の節分の日に豆をまく。
⑧ 大豆からしょう油やみそが作られる。
⑨ 低カロリーの豆ふでダイエットする。
⑩ 缶コーヒーを飲んで一休みする。

①　　　　　②　　　　　③　　　　　④　　　　　⑤
⑥　　じつ　⑦　　　　　⑧　　　　　⑨　　　　　⑩

◆ 漢字を書きましょう

① なまやさいのサラダを食べる。
② 家庭さいえんでトマトを育てる。
③ 持っていたお金を使いはたした。
④ アンケートのけっかを集計する。
⑤ コーヒーまめをブレンドする。
⑥ なっとうのにおいが苦手な人は多い。
⑦ コンビニでかんチューハイを買う。
⑧ かんづめを使うと料理もかん単だ。

①　　　　　②　　　　　③　　　　　④ 結
⑤　　　　　⑥ なっ　　　⑦　　　　　⑧　　　づめ

数え方
かぞえかた

How to Count
数数方法
Cách đo đếm

杯 (8)	さかずき ハイ

杯					

枚 (8)	マイ

枚					

匹 (4)	ひき ヒツ

匹					

量 (12)	はかーる リョウ

量					

◆ 漢字を読みましょう

① 杯にお酒をなみなみと注ぐ。
② カップ二杯の水をなべに入れる。
③ 一杯飲んでから帰ることにする。
④ 二人の幸せを願って乾杯した。
⑤ コピーの枚数を数える。
⑥ 魚を一匹使った料理を作る。
⑦ 彼の料理はプロに匹敵する。
⑧ 体重を量ったら少しふえていた。
⑨ 軽量の折りたたみ自転車を買った。
⑩ おかし作りは計量がポイントだ。

①	②	③	④ かん	⑤
⑥	⑦ てき	⑧	⑨	⑩

◆ 漢字を書きましょう

① コーヒーをなんばいも飲んだ。
② さとうをスプーンいっぱい分入れる。
③ ステーキ用の肉をにまい焼く。
④ 魚をさんまいにおろす。
⑤ 千円札じゅうまいにりょうがえする。
⑥ ねこをにひきかっている。
⑦ 「さんびきの子ぶた」の物語を読む。
⑧ スプーンで塩やしょう油をはかる。

①	②	③	④
⑤	⑥	⑦	⑧

2章　料理

2章 復習

1. 漢字の読み方を書いてください。

① 暑くなったり寒くなったり、気温の変化がはげしい。　①
② 今日は特に冷えるので、手袋・マフラーが必要です。　②
③ 荷物をたくさん運んで力を使い果たした。　③
④ 仕事帰りにちょっと一杯飲む。　④
⑤ ダイエットのために毎日体重を量っている。　⑤
⑥ 友達の結婚祝いに、食器セットをおくった。　⑥
⑦ 卵の黄身だけをボールに入れてください。　⑦
⑧ チョコレートケーキに粉のさとうをかけて、かざる。　⑧
⑨ 肉だけでなく野菜もしっかり食べてください。　⑨
⑩ 大豆はダイエットにいい食べ物で、女性に人気だ。　⑩

2. 漢字を書いてください。

① スープがあつくて、なかなか飲めない。　①
② のどがかわいたので、つめたいジュースを飲んだ。　②
③ あたたかい飲み物を飲んで、リラックスする。　③
④ 五千円を千円札5まいにりょうがえしてもらう。　④　5
⑤ 日にやけた顔で、海外旅行から帰って来た。　⑤
⑥ クッキーを星やハートのかたで作った。　⑥
⑦ せが高くなるように毎日ぎゅうにゅうを飲んでいる。　⑦
⑧ スーパーで夕食のメニューのざいりょうを買う。　⑧
⑨ けんこうを考えて、えんぶんをとりすぎないようする。　⑨
⑩ 地震や台風のときを考えて、かんづめを準備する。　⑩　　づめ

1・2章 アチーブメントテスト

【1】次の文の下線をつけた言葉の読み方を①〜④の中から選び、番号を書いてください。

1. 冷やしたビールを一気に飲んだ。
   ①ひやした　　②つめやした　　③さまやした　　④ひえやした

2. 海に近いこの町では、どこの家でも魚の干物を作っている。
   ①かんぶつ　　②ひもの　　③ひぶつ　　④かんもの

3. 引っこしと同時に、新しい食器のセットを買った。
   ①しょくき　　②たき　　③たうつわ　　④しょっき

4. 入浴中に国の親から電話がかかってきた。
   ①にゅよく　　②いりよく　　③じんよく　　④にゅうよく

5. きっさ店で、ココアを一杯飲みながら本を読んですごす。
   ①いちはい　　②いっはい　　③いっぱい　　④いちぱい

1.	2.	3.	4.	5.

【2】次の文の下線をつけた言葉の漢字を①〜④の中から選び、番号を書いてください。

1. 必ず授業のよしゅうをしてきてください。
   ①子習　　②予習　　③世習　　④代習

2. 急いで飲んだコーヒーがあつくて、したをやけどしてしまった。
   ①暑くて　　②温くて　　③熱くて　　④厚くて

3. パソコンがかたまったので再きどうさせた。
   ①気動　　②期動　　③機動　　④起動

4. パーティーをするため、スーパーへしょくざいの買い出しに行く。
   ①食材　　②食枚　　③食菜　　④食才

5. 道に落ちていたさいふをひろって、交番にとどけた。
   ①捨って　　②打って　　③拾って　　④折って

1.	2.	3.	4.	5.

1・2章　アチーブメントテスト

【3】①～⑳の下線部の漢字または読み方を書いてください。

休みの日の楽しみ方

休みの日、私は①早起きする。起きて、コップ②一杯の水を飲んだら、42℃ぐらいの③あついシャワーを④浴びる。この⑤おんどは目がさめるし、気分もリフレッシュできていい。シャワーの前に1週間分の洋服を⑥洗濯機に入れる。⑦せんざいを入れてスイッチを押すだけだから、とてもかん単だ。シャツやタオルを⑧なんまいも⑨干すのは大変だけど、天気がいい日は気分がいい。

次の楽しみは、ゆっくり朝ご飯を食べることだ。ベランダで育てている⑩やさいでサラダを作ったり、⑪果物でジュースを作ったりする。コーヒーは⑫豆から⑬こなにしたあと、⑭おゆを少しずつ入れる。このときのコーヒーのかおりが好きだ。そして、朝ご飯を食べながら一日の⑮よていを考える。
休みのときは、よくケーキやクッキーを⑯焼く。

そして、一番の楽しみは、夜、⑰かんビールを飲みながら⑱食事をしたり、かっている⑲二匹のねことあそんで、ゆっくりすごすことだ。この時間はとても大切だ。この時間があるから、⑳翌週からもがんばれる。

①	②	③	④
⑤	⑥　　　　き	⑦　　　　剤	⑧
⑨	⑩	⑪	⑫
⑬	⑭	⑮	⑯
⑰	⑱	⑲	⑳

1・2章 クイズ

【1】ⒶとⒷを組み合わせて、漢字を作ってください。

Ⓐ: 扌 代 羽 扌 木
Ⓑ: 立 合 衣 不 舎

1. 大学を卒業した ☐ 年、カナダに留学した。
2. おつかれ様。まずはみんなで乾 ☐ しよう。
3. 落としたさいふを親切な人が ☐ ってくれた。
4. スーパーに行くとき、いつも買い物 ☐ を持って行く。
5. ここはゴミを ☐ てる所じゃありません。あそこです。

【2】会話の言葉を考えて、☐に漢字を書いてください。

A：日本の ① 生 ☐ はどうですか。

B：そうですね。日本に来るまで家族といっしょだったので、② ☐ ぼうしないように起きたり、自分で朝・昼・晩、③ 食 ☐ を作ったりするのが大変です。

それから、もうなれましたが、④ ☐ えるゴミと ⑤ ☐ えないゴミを分けるルールがむずかしかったです。

今もゴミを ⑥ ☐ てるとき、ときどき同じアパートの友達に聞いて教えてもらいます。

A：友達は親切ですね。

B：はい。日本に来てからの友達で、今週の ⑦ 土 ☐ 日、二人であそびに行く ⑧ 予 ☐ なんですよ。

1・2章　クイズ

【3】下から漢字をえらんで□に入れて言葉を作って、（　）に読み方を書いてください。

1. 田中：1週間がんばったから、金曜日の夜は、やっぱり□たいビールだね。
（　　　）

2. 川本：ビールに合うおつまみと言えば、えだ□と生野□のスティック、あとは□き魚かな。
（　　　）（　　　）（　　　）

3. 石井：あー残業でつかれちゃった。コンビニで□チューハイでも買って帰ろう。
（　　　）

4. 上田：週□、飲み会にさそわれたけど、用□があって行けない。残念…。
（　　　）（　　　）

5. 松下：ビールを飲んだあとはラーメンが食べたくなる。特に□味。
（　　　）

| 菜　焼　熱　事　塩　缶　豆　冷　末 |

【4】□から言葉を選んで（　）に書き、レシピをかん成させてください。

～いちごのショートケーキ～

■（①　　　）：

＜スポンジ＞　（②　　　）2こ、（③　　　）60グラム、さとう60グラム、
バター20グラム、（④　　　）大さじ1、バニラオイル少々

＜デコレーション＞　生クリーム 3/4カップ、さとう20グラム、
いちご200グラム、ホワイトキュラソー大さじ1
※ない場合は、ほかの（⑤　　　）を使う。

■作り方：

＜スポンジ＞
①小麦粉、さとう、バターを（⑥　　　）。小麦粉とさとうはふるっておく。
②ボールに卵を入れ、さとうもくわえて、まぜる。
③牛乳、バニラオイル、バターを入れてさらにまぜる。
④生地を（⑦　　　）に入れたら、オーブンで約10分（⑧　　　）。
※前もって200（⑨　　　）に（⑩　　　）。
⑤スポンジが焼けたら、しばらく冷ます。

＜デコレーション＞
⑥ボールに材料を入れてあわ立てて、ホイップクリームを作る。
⑦スポンジの間に切ったいちごをならべ、ケーキ全体にホイップクリームをぬる。
⑧ケーキにいちごをかざる。かん成！

| 型　卵　度　材料　小麦粉　牛乳　果物　焼く　温める　量る |

3章 病院
びょういん

Hospital
医院
Bệnh viện

体
からだ

Body
身体
Cơ thể

頭 (16)	あたま　かしら トウ　ズ　ト

顔 (18)	かお ガン

首 (9)	くび シュ

鼻 (14)	はな ビ

◆ 漢字を読みましょう

① 頭をドアにぶつけた。
② グループの先頭に立って歩く。
③ 社長が年頭のあいさつをした。
④ 教頭先生にあいさつする。
⑤ 朝起きてすぐに顔を洗う。
⑥ 寝ちがえて首が動かない。
⑦ 漢字の部首を覚える。
⑧ かぜをひいて鼻水が出る。
⑨ 鼻がつまって、においがわからない。
⑩ 耳の調子が悪く、耳鼻科へ行く。

① 　　② 　　③ 　　④ 　　⑤
⑥ 　　⑦ 　　⑧ 　　⑨ 　　⑩

◆ 漢字を書きましょう

① 先生とこうとう試験の練習をする。
② 名前のかしらもじを書く。
③ 田中さんはいつもえがおだ。
④ 山田さんはどうがんだ。
⑤ 病気でかおいろが悪い。
⑥ 会社をくびになる。
⑦ 新しいしゅしょうにかわる。
⑧ かぜをひいてはなごえだ。

① 　　② 　　③ 笑え　　④ 童どう
⑤ 　　⑥ 　　⑦ 相しょう　　⑧

とくべつな言葉……音頭
　　　　　　　　　おんどう・おんど

3章 病院

呼吸
こきゅう

Breath
呼吸
Hô hấp

呼 (8) よーぶ / コ

吸 (6) すーう / キュウ

息 (10) いき / ソク

汗 (6) あせ / カン

◆ 漢字を読みましょう

① 名前を呼んだら返事をしてください。
② 火事に気づいて大声で助けを呼ぶ。
③ ここでタバコを吸わないでください。
④ 深呼吸すると気持ちが落ち着く。
⑤ 新せんな空気を吸う。
⑥ 休息の時間をたっぷり取る。
⑦ 急に走ったので息が切れた。
⑧ びっくりして息が止まるかと思った。
⑨ 借りたお金の利息をはらう。
⑩ たくさん運動して汗をかいた。

① ②　③　④ しん　⑤
⑥ ⑦　⑧　⑨　⑩

◆ 漢字を書きましょう

① 手をあげてタクシーをよぶ。
② こきゅうが苦しい。
③ そうじきで部屋のゴミをすい取る。
④ いきをはいたらガラスがくもった。
⑤ この部屋はせまくていきぐるしい。
⑥ きんちょうしてあせが出る。
⑦ はずかしくてひやあせをかいた。
⑧ からい食べ物にははっかん作用がある。

① ②　③　④
⑤　苦しい　⑥　⑦　⑧

検査
けんさ

Inspection
检查
Kiểm tra

検 (12) ケン

査 (9) サ

歯 (12) は / シ

痛 (12) いた－む　いた－める　いた－い / ツウ

◆ 漢字を読みましょう

① 出かける前にガスを点検する。
② 子どものころ山の中を探検した。
③ 病気を調べるために検査する。
④ 審査員にスピーチをほめられた。
⑤ 1さいをすぎてから歯が生えてきた。
⑥ 虫歯で顔がはれた。
⑦ 永久歯に生え変わる。
⑧ クリニックで歯石をとってもらう。
⑨ おなかが痛くて病院へ行く。
⑩ 朝から頭痛で薬を飲んだ。

① てん　② たん　③ 　④ しん　いん　⑤
⑥ 　⑦ えいきゅう　⑧ 　⑨ 　⑩

◆ 漢字を書きましょう

① けんさの結果が出る。
② 会議でけんとうしてから決める。
③ ネットのアンケートちょうさに答える。
④ 近所のしか医院に通う。
⑤ はぐきがはれて赤くなっている。
⑥ 寒さでひざがいたむ。
⑦ やることが多くて頭がいたい。
⑧ 毎日同じ仕事をするのはくつうだ。

① 　② 　討とう　③ 調ちょう　④
⑤ 　ぐき　⑥ 　⑦ 　⑧ 苦く

3章 病院

けが

Injury
伤
Vết thương

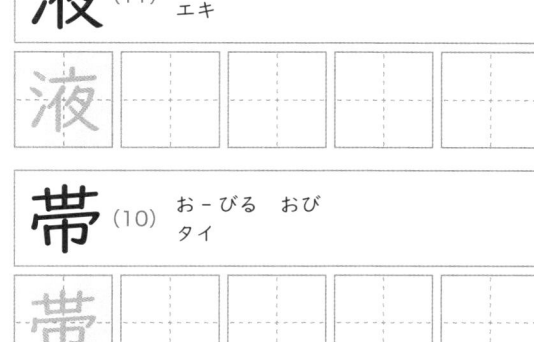

◆ 漢字を読みましょう

① 道で転んで、ひざから血が出た。
② 血管がつまる病気になる。
③ ハンカチで強くおさえて止血する。
④ 赤血球の量を調べる。
⑤ 病院で血液検査を受けた。
⑥ 液体は飛行機に持ちこめない。
⑦ プレゼントを包んでもらう。
⑧ けがをしたところを包帯でまく。
⑨ 東北地方一帯に大雨が降った。
⑩ 着物に合わせた帯をしめる。

① _____ ② _____ かん ③ _____ ④ _____ きゅう ⑤ _____
⑥ _____ ⑦ _____ ⑧ _____ ⑨ _____ ⑩ _____

◆ 漢字を書きましょう

① ちがついたナイフが発見された。
② 鼻からのしゅっけつが止まらない。
③ 自分のけつえきがたを調べる。
④ 彼はけっしょくのいい顔をしている。
⑤ 洗濯にえきたい洗剤を使う。
⑥ 郵便局でこづつみを送る。
⑦ けがが治ったのでほうたいをとる。
⑧ ここは工業ちたいでトラックが多い。

① _____ ② _____ ③ _____ ④ _____
⑤ _____ ⑥ _____ ⑦ _____ ⑧ _____

救急
きゅうきゅう

Emergency
緊急
Cấp cứu

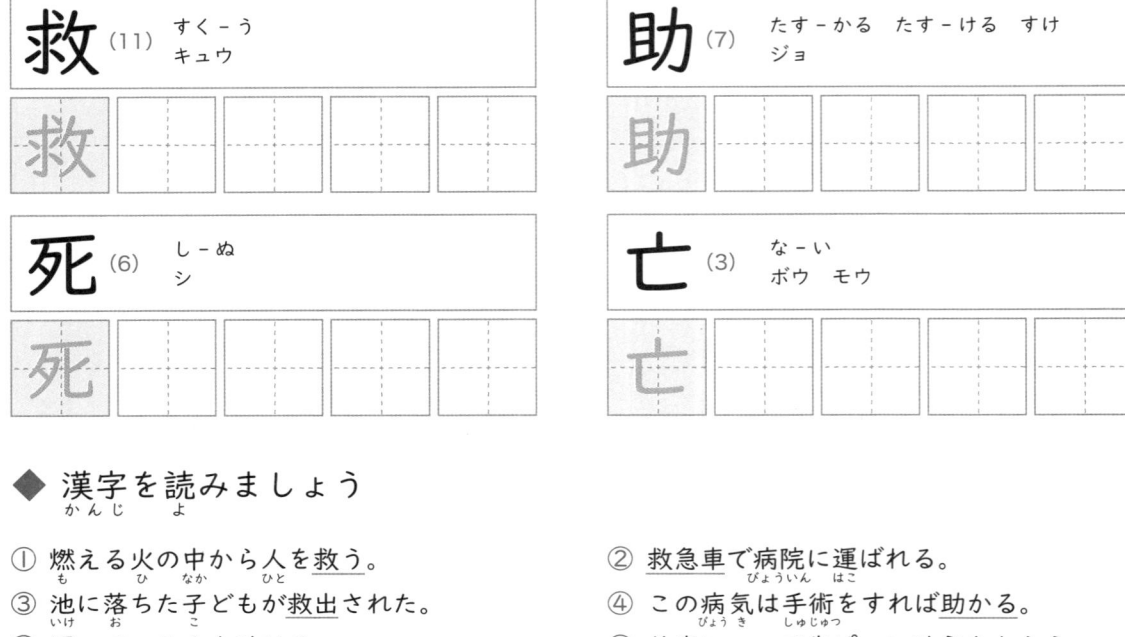

◆ 漢字を読みましょう
かんじ　よ

① 燃える火の中から人を救う。
　も　　ひ　なか　　ひと　すく
② 救急車で病院に運ばれる。
　きゅうきゅうしゃ　びょういん　はこ
③ 池に落ちた子どもが救出された。
　いけ　お　　こ　　　　きゅうしゅつ
④ この病気は手術をすれば助かる。
　　　びょうき　しゅじゅつ　　　たす
⑤ 困っている人を助ける。
　こま　　　　ひと　たす
⑥ 仕事について先ぱいに助言をもらう。
　しごと　　　　せん　　　じょげん
⑦ 海でおぼれている人を救助する。
　うみ　　　　　　ひと　きゅうじょ
⑧ 川でおぼれて死にそうになった。
　かわ　　　　　し
⑨ 友達が交通事こで亡くなった。
　ともだち　こうつうじ　な
⑩ 父は3年前、病死した。
　ちち　ねんまえ　びょうし

| ① | ② | ③ | ④ | ⑤ |
| ⑥ | ⑦ | ⑧ | ⑨ | ⑩ |

◆ 漢字を書きましょう
かんじ　か

① あの人は私のいのちをすくってくれた。
　　ひと　わたし
② 遠足にきゅうきゅうばこを持っていく。
　えんそく　　　　　　　　　　　も
③ 道に迷ったお年よりをたすけた。
　みち　まよ　　　とし
④ ほじょきんを使って家を建てた。
　　　　　　　つか　いえ　た
⑤ ペットがしんで一日中泣いた。
　　　　　　　　いちにちじゅうな
⑥ がんでしぼうする人がふえている。
　　　　　　　　　　ひと
⑦ 外国へぼうめいする。
　がいこく
⑧ はん人グループが外国へとうぼうした。
　　にん　　　　　がいこく

①	② 箱	③	④ 補
	ばこ		ほ
⑤	⑥	⑦ 命	⑧ 逃
		めい	とう

とくべつな言葉…… 助だち
　　　　　　　　　　すけ

3章 復習

1. 漢字の読み方を書いてください。

① 田中さんは頭がよくて運動もできる。　　　①

② 朝起きたら首が動かなかった。　　　②

③ 一日中歩いていたので足が痛くなった。　　　③

④ 長時間走って呼吸が苦しくなった。　　　④

⑤ 耳の調子がよくないので耳鼻科に行った。　　　⑤

⑥ ランニングをして、たくさん汗をかいた。　　　⑥

⑦ ひざにまいていた包帯がようやく取れた。　　　⑦

⑧ 指先をちょっと切っただけなのに出血が止まらない。　　　⑧

⑨ この辺りは死亡事こが多いので気をつけてください。　　　⑨

⑩ 道がわからず困っていたおばあさんを助けた。　　　⑩

2. 漢字を書いてください。

① ずつうがひどいので会社を休んだ。　　　①

② むしばを予防するには、歯みがきが大切だ。　　　②

③ 今日はとても寒くて、はくいきが白かった。　　　③

④ 山本さんのえがおを見ると幸せな気持ちになる。　　　④ 笑え

⑤ かぜをひいたのか今朝からはなごえだ。　　　⑤

⑥ けんさの結果、問題がないとわかって安心した。　　　⑥

⑦ このいったいはビルがこわされて公園になる。　　　⑦

⑧ 山田さんと私のけつえきがたはA型だ。　　　⑧

⑨ 毎月両親から仕送りがあるので生活がたすかる。　　　⑨

⑩ 駅でたおれた人がきゅうきゅうしゃで運ばれた。　　　⑩

4章 交通

交差点
こうさてん

Crossing
十字路口
Nút giao cắt (ngã ba, ngã tư)

Traffic
交通
Giao thông

角 (7)	かど つの / カク
折 (7)	お-る おり お-れる / セツ
曲 (6)	ま-がる ま-げる / キョク
路 (13)	じ / ロ

◆ 漢字を読みましょう

① 次の角を曲がってください。
② この牛は大きな角を持っている。
③ 分度器をつかって角度をはかる。
④ 名曲を集めたＣＤを買った。
⑤ こしが痛くて曲がらない。
⑥ あそこの信号を右折する。
⑦ ふとんを三つ折にする。
⑧ 転んで前歯を折った。
⑨ この水路は今でも使われている。
⑩ 仕事が終わって家路につく。

◆ 漢字を書きましょう

① 机のかどに足をぶつけた。
② 家のほうがくからけむりが見える。
③ ピアノでバッハのきょくをひく。
④ 最後まで自分の考えをまげない。
⑤ 台風で木のえだがおれた。
⑥ 交差点をさせつする。
⑦ つうろに荷物があって通りにくい。
⑧ どうろがこんでいる。

4章 交通

事こ
じ

Accident
事故
Tai nạn

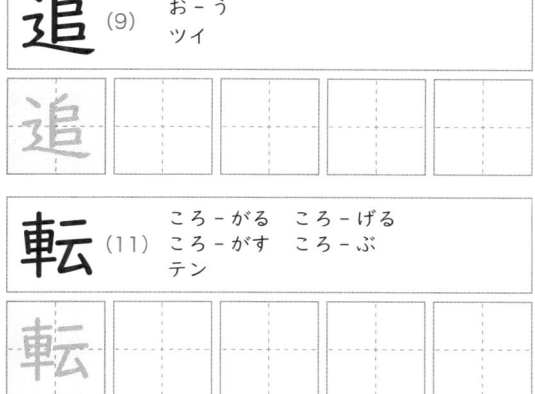

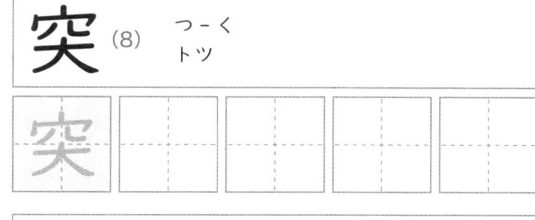

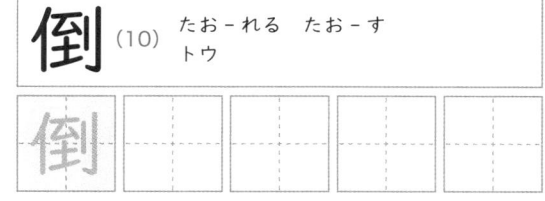

◆ 漢字を読みましょう

① ねこがねずみを追う。
② 毎日、仕事に追われている。
③ 前の車に追突した。
④ 大きなもりで魚を突く。
⑤ 突然、子どもが車の前に飛び出した。
⑥ ボールが坂道を転がる。
⑦ 足がすべって階段から転げ落ちた。
⑧ 石につまずいて転ぶ。
⑨ 雪道で転倒してけがをした。
⑩ グラスを倒してワインがこぼれた。

①　　　　②　　　　③　　　　④　　　　⑤
⑥　　　　⑦　　　　⑧　　　　⑨　　　　⑩

◆ 漢字を書きましょう

① 母の後を子どもがおう。
② 試験日に休んだのでついしを受ける。
③ とっぷうがふいて木が折れた。
④ バイクが電柱にしょうとつする。
⑤ サイコロをころがす。
⑥ じてんしゃで通学する。
⑦ 貧血でたおれる。
⑧ 会社がとうさんする。

①　　　　②　　　　③　　　　④ 衝
　　　　　　　　　　　　　　　　 しょう
⑤　　　　⑥　　　　⑦　　　　⑧　　　　さん

位置
いち

Location
位置
Vị trí

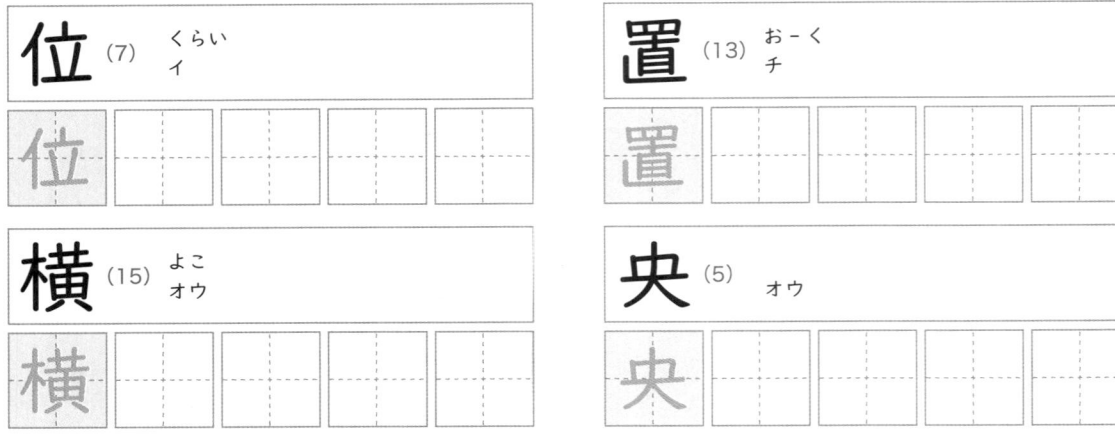

位 (7)	くらい / イ
置 (13)	お-く / チ
横 (15)	よこ / オウ
央 (5)	オウ

◆ 漢字を読みましょう

① 北海道は日本の北部に位置している。
② マラソンで日本選手が上位をしめる。
③ 国王の位をゆずる。
④ 部屋にソファーを置く。
⑤ 電車にかばんを置き忘れた。
⑥ 駅の自転車置き場を利用する。
⑦ 強風でトラックが横転した。
⑧ 彼女の横顔はとてもきれいだ。
⑨ 手紙を横書きで書いた。
⑩ 町の中央に大きな公園がある。

① ② ③ ④ ⑤
⑥ ⑦ ⑧ ⑨ ⑩

◆ 漢字を書きましょう

① スピーチ大会でいちいになった。
② 会社で重要なちいにつく。
③ 一のくらいを四捨五入する。
④ 公園にブランコをせっちする。
⑤ テーブルのまん中に花びんをおく。
⑥ 山田さんのよこに座る。
⑦ おうだん歩道をわたりましょう。
⑧ ちゅうおうアジアを旅行した。

① ② ③ ④ 設
⑤ ⑥ ⑦ 断 ⑧

4章　交通

高速道路 1
こうそくどうろ

Expressway 1
高速公路 1
Đường cao tốc 1

直 (8)　ただ－ちに　なお－す　なお－る　チョク　ジキ

逆 (9)　ギャク　さか　さか－らう

線 (15)　セン

側 (11)　がわ　ソク

◆ 漢字を読みましょう

① 自転車のパンクを直す。
② 寝る直前にマッサージする。
③ 彼は正直な人だ。
④ 直ちに現場に向かってください。
⑤ 東京の地下鉄の路線図はふくざつだ。
⑥ 教科書に線を引く。
⑦ 先生の言うことに逆らう。
⑧ 逆子で生まれる。
⑨ 立場が逆になる。
⑩ 川の向こう側にわたる。

◆ 漢字を書きましょう

① この道は日本一長いちょくせん道路だ。
② こわれたコピー機がなおった。
③ 家を出たちょくご、雨が降り出した。
④ ローカルせんに乗る。
⑤ 親にさからって一人ぐらしをする。
⑥ 残り時間1分でぎゃくてんした。
⑦ 山川さんのみぎがわにすわる。
⑧ 友人の意外なそくめんを知る。

⑧　面
　　めん

とくべつな言葉……　素直
　　　　　　　　　すなお

高速道路 2
こうそくどうろ

Expressway 2
高速公路 2
Đường cao tốc 2

注 (8)	そそ−ぐ チュウ

意 (13)	イ

橋 (16)	はし キョウ

進 (11)	すす−む　すす−める シン

◆ 漢字を読みましょう
かんじ　よ

① コップに水を注いで飲む。
　　　　みず　そそ　　の
② 車に注意して道をわたる。
　　くるま ちゅうい　みち
③ 新人作家に注目する。
　　しんじんさっか ちゅうもく
④ 漢字の意味を調べる。
　　かんじ　いみ　しら
⑤ 留学を決意する。
　　りゅうがく けつい
⑥ 大雨で橋が流された。
　　おおあめ はし なが
⑦ 石橋をたたいてわたる。
　　いしばし
⑧ 予定通り工事を進める。
　　よていどお こうじ すす
⑨ 来年大学院に進学するつもりだ。
　　らいねんだいがくいん しんがく
⑩ 科学技術は進歩している。
　　かがくぎじゅつ しんぽ

①	②	③	④	⑤ けつ
⑥	⑦	⑧	⑨	⑩

◆ 漢字を書きましょう
かんじ　か

① 先生からちゅういされた。
　　せんせい
② 子どもに愛情をそそぐ。
　　こ　あいじょう
③ 料理をちゅうもんする。
　　りょうり
④ 反対いけんを言う。
　　はんたい　　い
⑤ 山川さんはいがいに料理が上手だ。
　　やまかわ　　　　　　りょうり じょうず
⑥ 列車がてっきょうを渡る。
　　れっしゃ　　　　　わた
⑦ 新しくほどうきょうが設置された。
　　あたら　　　　　　　　せっち
⑧ 自分のしんろを考える。
　　じぶん　　　　　かんが

①	②	③	④
⑤	⑥	⑦	⑧

4章 復習

1. 漢字の読み方を書いてください。

① 横になってテレビを見ていたら、ねむくなった。
② 新しい商品の開発に全力を注いだ。
③ 駅の向こう側にたくさんのマンションがある。
④ あの橋は30年前に造られた。
⑤ バイクとぶつかって、足のほねを折ってしまった。
⑥ 50年前とくらべると、女性の地位は向上した。
⑦ カギはテーブルの上に置いてある。
⑧ 村の中央には大きな教会がある。
⑨ やく員は直ちに社長室に集まってください。
⑩ 試合が終わる3分前に、味方チームが逆転した。

2. 漢字を書いてください。

① 次の信号を右にまがってください。
② 彼は自分のミスをしょうじきにみとめた。
③ 子どもが泣きながら母の後をおう。
④ 知らない人からとつぜん電話がかかってきた。
⑤ つくえのかどに手をぶつけた。
⑥ 来春、大学院にしんがくするつもりだ。
⑦ 電車の中でさわぐ子どもをちゅういした。
⑧ 台風でさくらの木がたおれてしまった。
⑨ 庭のみなみがわに花を植えた。
⑩ テキストの大切なところにせんを引く。

3・4章 アチーブメントテスト

【1】次の文の下線をつけた言葉の読み方を①～④の中から選び、番号を書いてください。

1. ワインを友達にプレゼントするため、店員にきれいに包んでもらった。
   ①まくんで　　②つずんで　　③つつんで　　④たたんで

2. 私にとって彼は、危ないところを救ってくれた大切な人だ。
   ①たすって　　②すぐって　　③きゅうって　　④すくって

3. 自分の進む道について、先生に相談した。
   ①すすむ　　②あゆむ　　③すうむ　　④しんむ

4. 汗をかいたのでシャワーを浴びた。
   ①かん　　②あわ　　③あえ　　④あせ

5. 京都はおおさかの北に位置している。
   ①いし　　②いち　　③くらいち　　④いおき

1.	2.	3.	4.	5.

【2】次の文の下線をつけた言葉の漢字を①～④の中から選び、番号を書いてください。

1. となりのホームに友達がいたので、大きく手をふってよんだ。
   ①読んだ　　②吸んだ　　③呼んだ　　④鳴んだ

2. 高熱が出たので、インフルエンザのけんさをした。
   ①検査　　②元査　　③研査　　④見査

3. たくさんの人の前に立ってかおがまっ赤になった。
   ①頭　　②首　　③面　　④顔

4. けんこうのため、じてんしゃで会社に通っている。
   ①自転車　　②自電車　　③自動車　　④地点車

5. 気分が悪かったので少しよこになって休んだ。
   ①横　　②黄　　③予後　　④意

1.	2.	3.	4.	5.

3・4章　アチーブメントテスト

【3】①〜⑳の下線部の漢字または読み方を書いてください。

朝のニュース

　おはようございます。朝7時のニュースをお伝えします。

昨夜、都内の高速①どうろで乗用車がトラックに②追突しました。

現場は見通しのよい③ちょくせんで、トラックのスピードの出しすぎが原因と見られています。この事こで乗用車が④おうてんし、ドライバーは体を強く打ち、足のほねを⑤折って、病院に運ばれました。現場は⑥かた側⑦一車線になっていますので、⑧ちゅういしてください。

　次のニュースです。

今朝、横浜市の民家で火事がありました。住民3人が⑨救助され、病院に運ばれました。⑩助け出された3人のうち、ひとりは⑪かおにやけどをおい、ふたりは⑫息がなく病院で⑬しぼうがかくにんされました。

火事の原因は、住民の⑭ふちゅういと見られています。

　最後のニュースです。

アイドルグループCRAの田中さんが、昨夜、六本木の⑮路上で男になぐられたそうです。田中さんは⑯てんとうし、⑰はが折れ、⑱鼻から⑲しゅっけつしました。病院で⑳検査しているところです。

①	②	③	④
⑤	⑥	⑦	⑧
⑨	⑩	⑪	⑫
⑬	⑭	⑮	⑯
⑰	⑱	⑲	⑳

3・4章 クイズ

【1】絵を見て漢字を書きましょう。

① ② ③ ④ ⑤

【2】（　）の中にカタカナの読み方をする漢字を書いてください。

1. オウ　　①公園の中（　　　）に大きな池がある。

　　　　　②雪道で車が（　　　）転した。

2. イ　　　①いろいろな（　　　）見が聞けて勉強になった。

　　　　　②テーブルの（　　　）置をもう少し右に動かしてください。

3. トウ　　①先（　　　）の選手はもうゴールしたそうだ。

　　　　　②転（　　　）してひざをけがした。

4. キュウ　①海でおぼれた子どもが（　　　）助された。

　　　　　②高い山に登ったので呼（　　　）が苦しい。

3・4章　クイズ

【3】会話の（　）に入る漢字一字を□から選んで書いてください。

1. A：昨日から、（　）が（　）くて、たくさん（　）が出るんです。
   医者：まず、体温を測ってみましょう。
2. B：ナイフで切って、（　）が止まらないんです。
   医者：それは大変、すぐに消どくして（　）（　）をまきましょう。
3. C：（　）がつまって、目がかゆいんです。
   医者：そろそろ花粉の季節ですから、もしかすると…。
4. D：よくめまいがするんです。朝、起きるのがつらいんです。
   医者：まず、（　）液（　）をしましょう。
5. E：（　）が（　）くて（　）がはれてしまって。
   医者：口を開けて…あー、虫（　）ですね。

| 頭 | 歯 | 汗 | 血 | 包 | 鼻 | 帯 | 血 | 顔 | 査 | 痛 | 検 | 歯 | 痛 |

【4】キムさんと田中さんが話しています。会話の中の①〜⑧の言葉を漢字で書いてください。

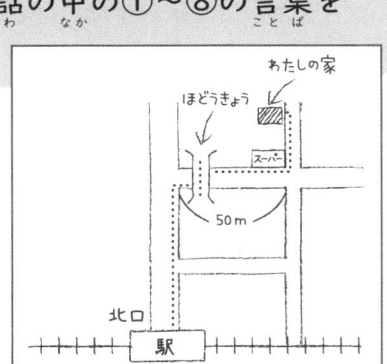

田中：ねえ、今度の日曜日、うちに来るよね。
　　　地図を書いてきたから、ちょっと見て。
キム：うん。ありがとう。
　　　えーっと、ここが駅だよね。まずは北口を出て、
　　　まっすぐ①すすめばいいんだね。それから…
　　　二つ目の②かどを右に③まがるのかな。
田中：そうそう。そこの④どうろは車が多いから、⑤ちゅういしてね。⑥うせつしてから、
　　　⑦ほどうきょうをわたって、⑧はんたいがわに行ったほうがいいよ。50メートル
　　　ぐらい行くとスーパーが⑨ひだりがわにあるから、その交差点を左ね。
キム：うん。だいたいわかった。
田中：もしわからなかったら、電話してね。
キム：ありがとう。

①	②	③	④	⑤
⑥	⑦	⑧	⑨	

5章 スポーツ

勝負 しょうぶ
Match / 比赛 / Thi đấu

Sports / 运动 / Thể thao

戦 (13)	たたかーう いくさ／セン
勝 (12)	かーつ まさーる／ショウ
決 (7)	きーまる きーめる／ケツ
負 (9)	まーける まーかす おーう／フ

◆ 漢字を読みましょう

① 次の試合でライバルと戦う。
② 負け戦でも最後までがんばる。
③ プレゼンがうまくいくように、作戦を立てた。
④ 優勝決定戦は来週行われる。
⑤ 会社を辞める決意をかためた。
⑥ 試合は私たちのチームの圧勝だった。
⑦ 実力は田中より木村が勝っている。
⑧ あっという間に勝負が決まった。
⑨ 交通費は各自で負担してください。
⑩ 荷物を背負って歩く。

① ② ③ ④ ⑤
⑥ あっ ⑦ ⑧ ⑨ たん ⑩ せ

◆ 漢字を書きましょう

① 世界チャンピオンにちょうせんする。
② 苦しいたたかいをせいした。
③ 日本への留学をけっしんした。
④ たすうけつで旅行先をきめる。
⑤ クラスのリーダーをきめる。
⑥ けっしょうで勝利した。
⑦ 試合にまけてしまった。
⑧ 口げんかで相手をまかした。

① 挑 ちょう ② ③ ④
⑤ ⑥ ⑦ ⑧

5章 スポーツ

大会
たいかい

Competition
竞赛
Đại hội

代 (5)　か−わる　か−える　よ　しろ
　　　　ダイ　タイ

第 (11)　ダイ

表 (8)　あらわ−れる　あらわ−す　おもて
　　　　ヒョウ

回 (6)　まわ−る　まわ−す
　　　　カイ　エ

◆ 漢字を読みましょう

① 父に代わって式に出た。
② 不調のAに代えてBを出場させた。
③ デートの食事代は私がはらった。
④ かちょうの代理で会議に出る。
⑤ 犯人に身の代金をわたした。
⑥ アンケートの結果を表にまとめる。
⑦ 言葉で表せないくらい感動した。
⑧ 服の表示を確認してから、洗濯する。
⑨ バスの回数券を買った。
⑩ 地球のまわりを月が回っている。

①　　　　　②　　　　　③　　　　　④　　　　　⑤ みの
⑥　　　　　⑦　　　　　⑧ じ　　　⑨ けん　　⑩

◆ 漢字を書きましょう

① 学生じだいを思い出す。
② けがをしたのでこうたいした。
③ うれしさが顔にあらわれている。
④ 家のおもてから入る。
⑤ サッカーの日本だいひょうに選ばれた。
⑥ この会議にはまいかい社長も出席する。
⑦ こまをまわしてあそぶ。
⑧ だいいっかい大会は東京で行われた。

①　　　　　②　　　　　③　　　　　④
⑤　　　　　⑥　　　　　⑦　　　　　⑧

とくべつな言葉……八千代、回向院
　　　　　　　　　　やちよ　えこういん

記録 1
きろく

Record 1
记录 1
Ghi chép, kỷ lục 1

記 (10) しる-す　キ

録 (16) ロク

優 (17) すぐ-れる　やさ-しい　ユウ

賞 (15) ショウ

◆ 漢字を読みましょう

① 1日の出来事をノートに記す。
② 漢字を暗記する。
③ 書類に必要なことを記入する。
④ 英語のクラスに登録する。
⑤ コンサート中、録音をしてはいけない。
⑥ 好きなドラマをDVDに録画する。
⑦ 数学で優れた成績をとる。
⑧ 初出場のチームが優勝した。
⑨ 仕事の優先順位をつける。
⑩ 大会で1位になり、賞状をもらった。

| ① | ② | ③ | ④ とう | ⑤ |
| ⑥ | ⑦ | ⑧ | ⑨ | ⑩ じょう |

◆ 漢字を書きましょう

① 毎日にっきをつけている。
② 事けんについての新聞きじを読む。
③ 旅行のきねんに茶わんを買った。
④ 今回の大会で世界新きろくが出た。
⑤ 首相のインタビューをろくおんする。
⑥ 私の姉はとてもやさしい人だ。
⑦ 田中氏はノーベル賞をじゅしょうした。
⑧ スピーチ大会でしょうきんをもらった。

| ① | ② | ③ 念ねん | ④ |
| ⑤ | ⑥ | ⑦ 受じゅ | ⑧ |

5章 スポーツ

記録 2

Record 2
记录 2
Ghi chép, kỷ lục2

◆ 漢字を読みましょう

① 台風が毎秒 30 メートルで進む。
② ビルのかん成まで秒読みに入った。
③ 夏は日差しが強い。
④ 中国と日本の時差は １時間だ。
⑤ 大人と子どもは体力に大きな差がある。
⑥ 人を差別してはいけない。
⑦ 来年はどんな年になるか予測する。
⑧ 来週、学校で体重測定がある。
⑨ 数式を順序立てて説明する。
⑩ 自分の順番が来るまで待合室で待つ。

①　　　　　②　　　　　③　　　　　④　　　　　⑤

⑥　　　べつ　⑦　　　　　⑧　　　　　⑨　　じょ　⑩

◆ 漢字を書きましょう

① 100 メートルを 10 びょうで走った。
② びょうそく 10 メートルの風がふく。
③ どの選手も実力はたいさなかった。
④ 雨が止んで、日がさしてきた。
⑤ 家を建てるため土地をそくりょうする。
⑥ スーツケースの重量をけいそくする。
⑦ 番号じゅんに席にすわってください。
⑧ てんこうふじゅんで作物が育たない。

①　　　　　②　　　　　③　　　　　④

⑤　　　　　⑥　　　　　⑦　　　　　⑧

47

野球
やきゅう

Baseball
棒球
Môn bóng chày

球 (11) たま / キュウ

打 (5) うーつ / ダ

投 (7) なーげる / トウ

点 (9) テン

◆ 漢字を読みましょう

① 父に地球儀を買ってもらった。
② 球技は何でもとくいだ。
③ 打球は遠くまで飛んだ。
④ 転んで頭を強打した。
⑤ 代打の選手がホームランを打った。
⑥ このチームは投打ともに優れている。
⑦ 新聞社に投書を送った。
⑧ 苦手な英語に重点を置いて勉強する。
⑨ 勉強をがんばって試験で満点を取った。
⑩ その試合で彼は5打点をあげた。

① ___ぎ ② ___ぎ ③ ④ ⑤
⑥ ⑦ ⑧ ⑨ ⑩ ___ご

◆ 漢字を書きましょう

① 高校生の時、やきゅうぶに入っていた。
② 大事な試合でヒットをうった。
③ 山田とうしゅは球が速い。
④ 川に向かって小石をなげた。
⑤ 試合はどうてん引き分けに終わった。
⑥ 駅に近いのがこの店のりてんだ。
⑦ テストのてんすうが悪かった。
⑧ 車に気をつけてこうさてんをわたる。

① ② ③ ④
⑤ ⑥ ⑦ ⑧

5章 スポーツ

5章 復習
ふくしゅう

1. 漢字の読み方を書いてください。

① 試合に勝って、チームのみんなで喜んだ。　①
② 大学生が100メートル走で日本新記録を出した。　②
③ 好きなチームが負けて、悲しかった。　③
④ テストの点数が上がって、母にほめられた。　④
⑤ 子どものころ、よく川に石を投げて遊んだ。　⑤
⑥ ピアノの発表会で賞をもらった。　⑥
⑦ 感しゃの気持ちを言葉で表す。　⑦
⑧ 山田さんは優しい心の持ち主だ。　⑧
⑨ ライバルとの苦しい戦いに勝つ。　⑨
⑩ オリンピックの第一回大会はギリシャで行われた。　⑩

2. 漢字を書いてください。

① 頭をうったので、念のため病院へ行った。　①
② 彼女に結婚をもうしこむけっしんをした。　②
③ うちゅうからちきゅうを見ると、青く見えるそうだ。　③
④ 田中選手は2位に大きくさをつけて優勝した。　④
⑤ 100メートルを9びょうで走り、金メダルを取った。　⑤
⑥ 学校だいひょうでスピーチコンテストに出場する。　⑥
⑦ ホームルームでクラスのリーダーをきめた。　⑦
⑧ 飛行機に乗る前に、荷物の重量をけいそくされる。　⑧
⑨ 山田とうしゅの大活やくでチームが勝利した。　⑨
⑩ 2時間ならんで、やっとじゅんばんが来た。　⑩

49

6章 感情 (かんじょう)
Emotion / 感情 / Cảm xúc

恋愛 1 (れんあい)
Love 1 / 恋爱 1 / Tình yêu 1

感 (13) カン

情 (11) なさ-け / ジョウ セイ

恋 (10) こ-う こい-しい こい / レン

愛 (13) アイ

◆ 漢字を読みましょう

① 感情的に話してはいけない。
② 子どもをだきしめて安心感をあたえる。
③ ドキュメンタリー映画を見て感動した。
④ 彼は情け深い人だ。
⑤ この辺りは古い町の風情が残っている。
⑥ 母が作る料理が恋しい。
⑦ 亡くなった妻を今も恋う。
⑧ 父にもらったペンを愛用している。
⑨ 彼は愛情表現が下手だ。
⑩ 二人は大恋愛の末、結婚した。

① てきに　② 　③ 　④ 　⑤
⑥ 　⑦ 　⑧ 　⑨ 　⑩

◆ 漢字を書きましょう

① 夜中に、家がゆれたのをかんじた。
② 本を読んだかんそうを言う。
③ 電車で席をゆずった子どもにかんしんした。
④ 二人のゆうじょうはずっと続くだろう。
⑤ 病気の友達に心からどうじょうする。
⑥ 彼女は田中さんにこいをしている。
⑦ こいびとは今、外国に留学している。
⑧ 手紙を読んで、母のあいを知った。

6章　感情

恋愛 2

Love 2
恋爱 2
Tình yêu 2

信 (9)　シン

伝 (6)　つた-わる　つた-える　つた-う　デン

想 (13)　ソウ　ソ

欲 (11)　ほっ-する　ほ-しい　ヨク

◆ 漢字を読みましょう

① 私は親から信頼されている。
② 信号をよく見て横断歩道をわたる。
③ 未来の生活を空想する。
④ 彼女はだれに対しても愛想がいい。
⑤ 電話で用けんを伝える。
⑥ 階段の手すりを伝って上る。
⑦ この村には昔から多くの伝説がある。
⑧ 友達に先生への伝言をたのむ。
⑨ 日本の伝統文化にきょうみがある。
⑩ 心の欲するままに行動する。

① 　　らい　② 　　③ 　　④ 　　⑤
⑥ 　　⑦ 　　⑧ 　　⑨ 　　とう　⑩

◆ 漢字を書きましょう

① 私は彼をしんじている。
② 人の前で話すことにじしんがある。
③ 友達をしんようしてお金を貸した。
④ どちらが勝つかよそうする。
⑤ 彼はりそうの恋人だ。
⑥ 表情から彼の悲しみがつたわった。
⑦ お酒の飲みすぎでしょくよくがない。
⑧ 恋人と会う時間がほしい。

① 　　② 　　③ 　　④
⑤ 　　⑥ 　　⑦ 　　⑧

悩み
なや

Worry
烦恼
Sự lo nghĩ, phiền muộn

苦 (8)	くる-しむ　くる-しめる にが-る　くる-しい　にが-い ク

悩 (10)	なや-む　なや-ます ノウ

困 (7)	こま-る コン

難 (18)	むずか-しい　かた-い ナン

◆ 漢字を読みましょう

① 重い病気で長い間 苦しんでいる。
② 借金が両親を苦しめている。
③ このコーヒーは少し苦みがある。
④ 苦痛を和らげる薬を飲んでいる。
⑤ テレビの音がうるさくて苦情を言った。
⑥ 数年前から頭痛に悩まされている。
⑦ 急に雨が降り出して困った。
⑧ 彼はどんな困難にも立ち向かう人だ。
⑨ 耐え難い痛みで病院へ運ばれた。
⑩ 工事は今、最大の難所にかかっている。

| ① | ② | ③ | ④ | ⑤ |
| ⑥ | ⑦ | ⑧ | ⑨ たえ | ⑩ |

◆ 漢字を書きましょう

① せきが止まらなくてくるしい。
② このお茶はにがいが、体にいい。
③ 私の親は若い時くろうしたそうだ。
④ くしんしてレポートを書き上げた。
⑤ 進学するか帰国するか、なやんでいる。
⑥ お金がなくて生活にこまっている。
⑦ 問題がむずかしくて、答えがわからない。
⑧ 数学のなんもんをすらすら解いた。

| ① | ② | ③ | ④ |
| ⑤ | ⑥ | ⑦ | ⑧ |

とくべつな言葉……苦り切った表情、苦々しい
　　　　　　　　　にがき　　ひょうじょう　にがにが

6章 感情

気持ちの表れ１

Expression of Emotion 1
情绪表达 1
Thể hiện cảm xúc 1

怒 (9)	いか-る　おこ-る　ド
笑 (10)	わら-う　え-む　ショウ
悲 (12)	かな-しむ　かな-しい　ヒ
喜 (12)	よろこ-ぶ　キ

◆ 漢字を読みましょう

① 成績が下がって親に怒られた。
② 相手の失礼なたいどに激怒する。
③ 大好きだった愛犬が死んで悲しい。
④ 二人の結婚は悲劇に終わった。
⑤ しょう来を悲観してはいけない。
⑥ 面白い話に声をあげて笑った。
⑦ お笑い番組を見て爆笑した。
⑧ 赤ちゃんを見て、思わずほほ笑んだ。
⑨ ジュースを差し入れして喜ばれた。
⑩ 彼女は喜怒哀楽がはげしい。

① 　　　　② げき　　　③ 　　　　④ げき　⑤ 　　かん
⑥ 　　　　⑦ ばく　　　⑧ 　　　　⑨ 　　　　⑩ あいらく

◆ 漢字を書きましょう

① 失言により相手のいかりを買った。
② 友人の死をかなしむ。
③ ひれんの物語を読んだ。
④ 落語を聞いておおわらいする。
⑤ 彼女はえがおがすてきだ。
⑥ となりの教室からわらいごえがする。
⑦ 母は大学合格をよろこんでくれた。
⑧ さいふが見つかっておおよろこびした。

① 　　　　② 　　　　③ 　　　　④
⑤ 　　　　⑥ 　　　　⑦ 　　　　⑧

53

気持ちの表れ 2

Expression of Emotion 2
情绪表达 2
Thể hiện cảm xúc 2

残 (10) のこ-る のこ-す ザン

念 (8) ネン

泣 (8) な-く キュウ

涙 (10) なみだ ルイ

◆ 漢字を読みましょう

① 注文した料理を残してしまった。
② 昨日は夜遅くまで残業した。
③ 山に残雪があるのが見える。
④ アルバイトを辞めて勉強に専念する。
⑤ 念願のマイホームを手に入れた。
⑥ 彼は信念を曲げない人だ。
⑦ 念のため、連絡先を教えてもらう。
⑧ 映画のラストシーンに泣いた。
⑨ 祖父が亡くなり、号泣する父を見た。
⑩ 話のとちゅうで突然涙声になる。

① ___ ② ぎょう ③ ___ ④ せん ⑤ ___
⑥ ___ ⑦ ___ ⑧ ___ ⑨ ___ ⑩ ___

◆ 漢字を書きましょう

① 会社に遅くまでのこって仕事をした。
② ざんねんながら今年も不合格だった。
③ 出された料理をのこさず食べた。
④ 忘れ物がないかにゅうねんに確認する。
⑤ 結婚きねんびに夫から花束をもらった。
⑥ 試合に負けてくやしなきをした。
⑦ 子どものころはなきむしだった。
⑧ 玉ねぎを切ったらなみだが出た。

とくべつな言葉……涙腺(るいせん)

6章 復習

1. 漢字の読み方を書いてください。

① この料理には母の愛情が入っている。　①
② 恋愛中は相手の悪いところが見えなくなる。　②
③ この町は子どもを育てるのに理想的な場所だ。　③　　　てきな
④ この映画は何回見ても涙が出る。　④
⑤ 進学について親と意見が合わず悩んでいる。　⑤
⑥ たん生日を忘れて彼女に怒られた。　⑥
⑦ 残念ながら、セール品は売り切れだった。　⑦
⑧ 10年つき合った恋人にふられて、とても悲しい。　⑧
⑨ この問題を解決するまでには多くの困難が予想される。　⑨
⑩ 私があげたプレゼントを母はとても喜んでくれた。　⑩

2. 漢字を書いてください。

① 宿題に読書かんそうぶんが出された。　①
② 休みの日にこいびとと映画を見に行った。　②
③ 取引先から課長へのでんごんをたのまれた。　③
④ 体力にはじしんがあるので力仕事も問題ない。　④
⑤ 子どもの時はよく親にしかられてないた。　⑤
⑥ ゴール前はくるしかったが、マラソンをかん走した。　⑥
⑦ 定期けんを落としてしまって本当にこまった。　⑦
⑧ この本は漢字が多くてむずかしい。　⑧
⑨ 先生が面白いことを言ったので、みんなでわらった。　⑨
⑩ 給料が入ったら、新しい服がほしい。　⑩

5・6章 アチーブメントテスト

【1】次の文の下線をつけた言葉の読み方を①〜④の中から選び、番号を書いてください。

1. 力いっぱい戦ったが、試合に負けてしまった。
   ①たたかった　②たかかった　③たかった　④たつかった

2. 病気になった時、恋人が料理を作りに来てくれた。
   ①れんじん　②こいびと　③こいひと　④こいじん

3. 夏休みの宿題で、読書感想文を書いた。
   ①かんじょう　②かんしょう　③かんぞう　④かんそう

4. テニスの全国大会で優勝し、トロフィーをもらった。
   ①ゆうしょう　②ゆうそう　③ゆうじょう　④ようしょう

5. 1秒差で負けてしまって、とてもくやしかった。
   ①ひょう　②びょう　③ぴょう　④びゅう

| 1. | 2. | 3. | 4. | 5. |

【2】次の文の下線をつけた言葉の漢字を①〜④の中から選び、番号を書いてください。

1. だいいっかい東京マラソンは2007年に行われた。
   ①弟一回　②第一回　③代一回　④台一回

2. 新商品の発売日は五月三日にけっていした。
   ①欠定　②結定　③決定　④訣定

3. ビルを建てるため、土地の面積をはかる。
   ①測る　②側る　③則る　④計る

4. 留守番電話のでんごんを聞いて、すぐに会社にかけ直した。
   ①伝言　②云言　③電言　④転言

5. 北海道にきろく的な大雪が降った。
   ①記緑　②計録　③許録　④記録

| 1. | 2. | 3. | 4. | 5. |

5・6章 アチーブメントテスト

【3】①〜⑳の下線部の漢字または読み方を書いてください。

①なやみ相談

Q：私の②こいびとは今、アメリカに留学しています。
アメリカへ行ってしばらくは毎日電話がありましたが、最近は１週間に③いっかいくらいです。理由を聞くと、大学で④やきゅう部に入り毎日遅くまで練習していそがしいからだそうです。次のリーグ⑤戦では試合に出てホームランを⑥打って⑦かちたいと⑧笑って言っていました。それを聞いて⑨愛情よりスポーツのほうが大切なのかと⑩かなしくなりました。
大学では友達もたくさんいるようで、他に好きな人ができたのかと⑪涙が出そうになる時があります。遠きょり⑫恋愛はやめたほうが良いのでしょうか。

A：彼が好きなら彼の言葉を⑬しんじてあげましょう。
うたがっていると悪い方向に進んでしまうかもしれません。はなれていると、気持ちを⑭つたえるのはなかなか⑮難しいですが、電話で⑯ないたり⑰怒ったりして⑱感情的になると、彼の気持ちはますますはなれてしまいますよ。
彼を⑲こまらせるのではなく、⑳優しい言葉をかけてあげればうまくいくと思いますよ。

①	②	③	④
⑤	⑥	⑦	⑧
⑨	⑩	⑪	⑫
⑬	⑭	⑮	⑯
⑰	⑱	⑲	⑳

5・6章 クイズ

【1】AとBを組み合わせて、（　）に漢字を書いてください。〔　〕に下線部の読み方も書いてください。

1. ヒットを（　　　）って点が入った。　〔　　　〕
2. 1（　　　）差でおしくも二位になった。　〔　　　〕
3. 毎日、日本語で日（　　　）を書いている。　〔　　　〕
4. 彼女はいつもテストの（　　　）位がクラスでトップだ。〔　　　〕
5. もっと大きいテレビが（　　　）しい。　〔　　　〕

| A | 扌 ・ 言 ・ 禾 ・ 川 ・ 谷 |
| B | 己 ・ 丁 ・ 少 ・ 欠 ・ 頁 |

【2】次の意味になるように□に正しい漢字を書いてください。

1. 優勝を決める戦い・・・・・・・・・・・□勝戦（しょうせん）
2. スポーツなどの成績や結果・・・・・・・□録（ろく）
3. コーヒー、薬などのいやな味・・・・・・□み
4. 悲しい時や、くやしい時に目から出る水のような液体・・・□
5. うれしい、苦しい、悲しいなどの気持ち・・・□情（じょう）

| 苦　決　涙　感　記 |

58

【3】新聞記事を読んで、①～⑩の読み方を書いてください。

石川 メジャーへ

日本①代表にも選ばれたARCの石川一男②投手（30）が、米大リーグにチャレンジするため、7日、米国へ出発。現地に着いてすぐ記者の取材を受け、「③球の速さには④自信がある。まずはストレートで⑤勝負したい。日本の⑥野球が大リーグで通用することを⑦笑顔で語った。しょうめいしたい。」と

石川は昨年、先発として⑧十七勝を上げ、⑨最多勝をかくとくするとともに、チームを⑩優勝にみちびいた。

①	②	③	④	⑤
⑥	⑦	⑧	⑨ さい	⑩

7章 結婚
けっこん

Marriage / 结婚 / Kết hôn

結 (12) むすーぶ ゆーう ゆーわえる / ケツ

婚 (11) コン

紹 (11) ショウ

介 (4) カイ

◆ 漢字を読みましょう

① くつのひもを結ぶ。
② かみを一つに結わえる。
③ 自分で毎日かみを結う。
④ 成人式のためにかみを結ってもらった。
⑤ 来年結婚することになった。
⑥ 試験の結果が出た。
⑦ 金婚式のお祝いをする。
⑧ 新婚旅行でヨーロッパへ行く。
⑨ 友人の紹介で彼に出会った。
⑩ 不動産会社に仲介料をはらう。

① ___ ② ___ ③ ___ ④ ___ ⑤ ___
⑥ ___ ⑦ ___しき ⑧ ___ ⑨ ___ ⑩ ___ちゅう

◆ 漢字を書きましょう

① リボンをきれいにむすぶ。
② 母にかみをゆってもらった。
③ ドラマのけつまつが気になる。
④ 会議で話し合ってけつろんを出す。
⑤ 先日、娘がこんやくした。
⑥ 働くみこん女性がふえている。
⑦ クラスメートにじこしょうかいをする。
⑧ ぎょかいでパスタのソースを作る。

① ___ ② ___ ③ ___ ④ ___論 ろん
⑤ ___ ⑥ ___未 み ⑦ ___己 こ ⑧ ___

7章　結婚

独身
どくしん

Single
単身
Độc thân

独 (9) ひと－り / ドク

身 (7) み / シン

貯 (12) チョ

期 (12) キ ゴ

◆ 漢字を読みましょう

① 彼は独身だそうだ。
② 会社を辞めて独立した。
③ 彼は独り言が多い。
④ 身近な人に相談する。
⑤ 好きなネックレスを身につける。
⑥ あの選手は身長が190センチもある。
⑦ 毎月5万円を貯金している。
⑧ 期末テストの点数が悪かった。
⑨ 親の期待にこたえるためにがんばった。
⑩ 祖父と最期のおわかれをする。

①　　　　　②　　　　　③　　　　　④　　　　　⑤

⑥　　　　　⑦　　　　　⑧　　　　　⑨　　　　　⑩さい

◆ 漢字を書きましょう

① 親元をはなれ、ひとりだちする。
② どくしん生活を楽しむ。
③ 私と彼はしゅっしん大学が同じだ。
④ みぶんしょう明書を見せる。
⑤ 空こうでかばんのなかみを見せる。
⑥ 結婚のために毎月ちょきんしている。
⑦ 彼のプロポーズをきたいしている。
⑧ しんがっきが始まる前に旅行する。

①　　　　　②　　　　　③　　　　　④

⑤　　　　　⑥　　　　　⑦　　　　　⑧

とくべつな言葉……　一期一会
　　　　　　　　　　いちごいちえ

婚約
こんやく

Engagement
订婚
Đính hôn

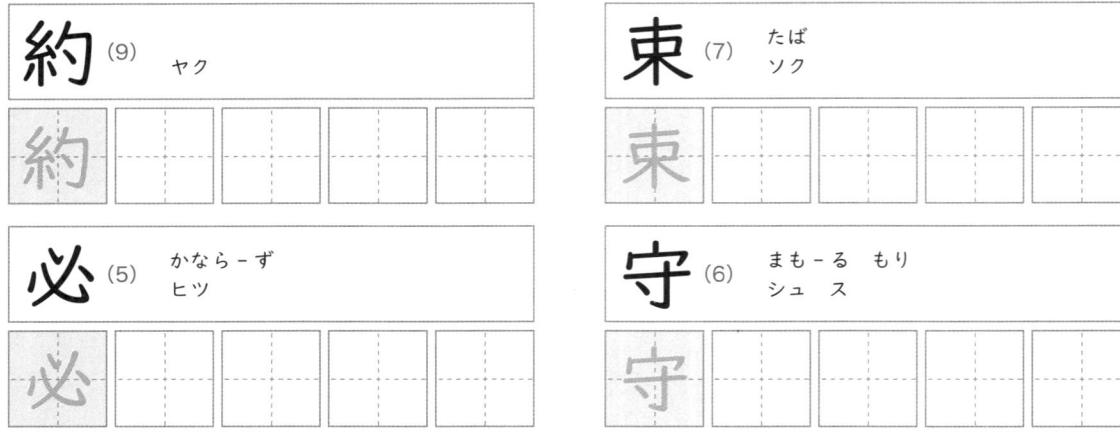

◆ 漢字を読みましょう

① 駅の近くのホテルを予約する。
② 銀行口座を解約した。
③ 恋人に花束をプレゼントする。
④ 約束の時間に遅れてしまった。
⑤ 必ず宿題を出さなくてはいけない。
⑥ 必勝を願っておうえんした。
⑦ 父との約束を守る。
⑧ 母親が子どもに子守歌を聞かせる。
⑨ 九回表の守備につく。
⑩ 旅行で1週間家を留守にする。

① ②かい ③ ④ ⑤
⑥ ⑦ ⑧ ⑨ び ⑩る

◆ 漢字を書きましょう

① 彼にこんやくゆびわをもらった。
② 学校までやく1時間かかる。
③ このチームはけっそくが固い。
④ たまった古新聞をたばにする。
⑤ 彼ならかならず合格できる。
⑥ 合格するために、ひっしでがんばる。
⑦ かばんにおまもりをつけている。
⑧ 時間げんしゅでお願いします。

① ② ③ ④
⑤ ⑥ ⑦ ⑧ 厳
げん

7章　結婚

結婚式
けっこんしき

Wedding Ceremony
婚礼
Lễ cưới

式 (6) シキ

祝 (9) いわ-う　シュク　シュウ

列 (6) レツ

酔 (11) よ-う　スイ

◆ 漢字を読みましょう

① 結婚を正式に発表する。
② 友達の結婚式に出席する。
③ 書式にしたがって願書を書く。
④ ここはいつも行列ができる人気店だ。
⑤ 自転車で日本列島を旅する。
⑥ 祖母のたん生日を家族で祝う。
⑦ 優勝祝賀パーティーにさんかした。
⑧ 受付でご祝儀をわたす。
⑨ 二日酔いで気持ちが悪い。
⑩ 泥酔するまで飲む。

① ② ③ ④ ⑤
⑥ ⑦ が ⑧ ぎ ⑨ ⑩ でい

◆ 漢字を書きましょう

① お茶の道具いっしきをそろえる。
② かぶしき会社を設立した。
③ いちれつにならんで待つ。
④ 東京行きのれっしゃに乗る。
⑤ 入学いわいに時計をあげる。
⑥ ５月５日こどもの日は、しゅくじつだ。
⑦ 私は子どものころから車によいやすい。
⑧ 電車でよっぱらいがさわいでいた。

① ② 株(かぶ) ③ ④
⑤ ⑥ ⑦ ⑧

幸せ
しあわ

Happiness
幸福
Hạnh phúc

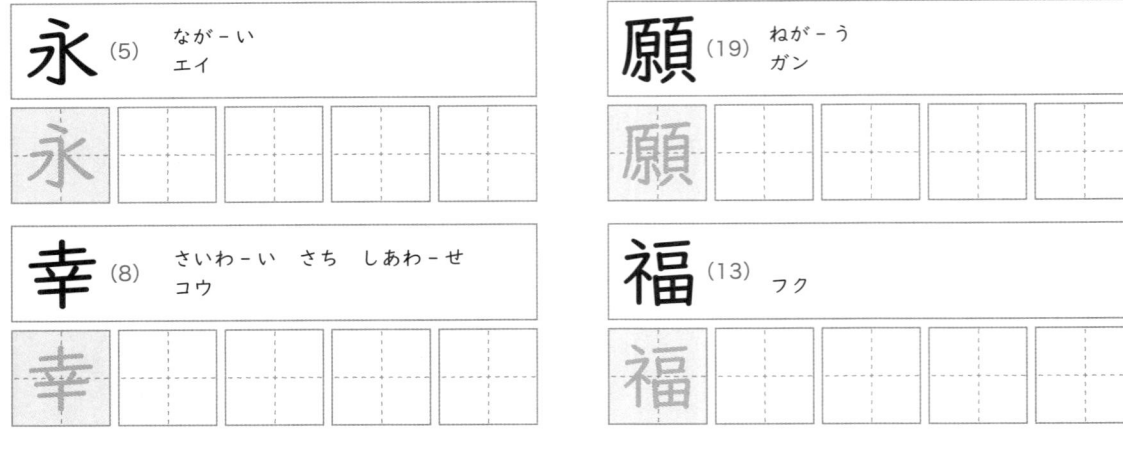

◆ 漢字を読みましょう

① 結婚式で永遠の愛をちかう。
② 結婚して外国に永住する。
③ 親が子の無事を願う。
④ メールで入学願書を取りよせる。
⑤ 幸いなことに、けがはなかった。
⑥ きのこや山菜などの山の幸を食べた。
⑦ お金がなくても幸せだ。
⑧ 幸運にめぐまれる。
⑨ 笑う門には福来る。
⑩ 大学で福祉について学びたい。

① ② ③ ④ ⑤
⑥ ⑦ ⑧ ⑨ ⑩ し

◆ 漢字を書きましょう

① すえながくお幸せに。
② ねがいごとがかなう。
③ しゅつがん手続きをする。
④ けががなかったのはふこう中の幸いだ。
⑤ 家族でしあわせにくらす。
⑥ 海のさちを味わう。
⑦ こうふくな人生を送る。
⑧ 友達の結婚をしゅくふくする。

① ② ③ ④
⑤ ⑥ ⑦ ⑧

7章 復習

1. 漢字の読み方を書いてください。

① 去年から身長が2センチも伸びた。
② 私の出身はタイのチェンマイというところだ。
③ 彼女はかみを一つに結わえている。
④ 母はいつでもやさしく見守ってくれている。
⑤ この店はいつも長い行列ができている。
⑥ 母の日に大きな花束をおくる。
⑦ ボーナスを使って、ゴルフクラブ一式を買う。
⑧ 山下さんはカナダに永住するらしい。
⑨ 二日酔いがひどく、会社を休んでしまった。
⑩ 最近、独り言が多くなった気がする。

2. 漢字を書いてください。

① しょうらいはどくりつして、自分の店を持ちたい。
② あのレストランは、なかなかよやくがとれない。
③ しんこん旅行で1週間ヨーロッパに行く。
④ 借りた本はかならず1週間以内に返してください。
⑤ 国の文化を日本にしょうかいする仕事がしたい。
⑥ ボーナスをもらったので20万円ちょきんした。
⑦ おいしいものを食べると、しあわせな気分になる。
⑧ おさななじみの結婚をしゅくふくする。
⑨ 息子の大学合格を心からねがっている。
⑩ 新年のおいわいに、ぞうにを食べた。

8章 関係
かんけい

Relationship
关系
Mối quan hệ

人間関係
にんげんかんけい

Human Relationship
人际关系
Mối quan hệ con người

関 (14)	せき　かか−わる　カン

係 (9)	かか−る　かかり　ケイ

和 (8)	やわ−らぐ　やわ−らげる　なご−む　なご−やか　ワ　オ

付 (5)	つ−く　つ−ける　フ

◆ 漢字を読みましょう

① 箱根の関所は有名な観光地だ。
② リーダーとしてプロジェクトに関わる。
③ 玄関でくつをぬいでそろえる。
④ コンサート会場で係員に注意された。
⑤ 授業に関係のない話はしないように。
⑥ 今日は寒さが和らぎ暖かくなるそうだ。
⑦ この音楽をきくと心が和む。
⑧ 料理の中でも和食が一番好きだ。
⑨ ワイシャツのそでにインクが付く。
⑩ この付近には、くまが出るらしい。

① 　　② 　　③ げん　　④ 　　⑤
⑥ 　　⑦ 　　⑧ 　　⑨ 　　⑩

◆ 漢字を書きましょう

① かんとうちほうに台風が近づく。
② 貿易にかかわる仕事がしたい。
③ 政治にかんしんがある。
④ 会社の人間かんけいに悩んでいる。
⑤ 話を聞いてもらって怒りがやわらいだ。
⑥ パーティーはなごやかに行われた。
⑦ 休日に部屋をかたづける。
⑧ あの二人は最近つきあい始めたそうだ。

① 　　② 　　③ 　　④
⑤ 　　⑥ 　　⑦ 片（かた）　　⑧

とくべつな言葉…… 受付（うけつけ）、和尚（おしょう）

8章 関係

家族
かぞく

Family
家庭成员
Gia đình

娘 (10)　むすめ

婦 (11)　フ

老 (6)　お-いる ふ-ける　ロウ

姓 (8)　セイ ショウ

◆ 漢字を読みましょう

① 木村さんには娘が三人いる。
② 人はだれでも老いていく。
③ 彼は年よりずっと老けて見える。
④ 敬老の日のお祝いをする。
⑤ 夫婦でスキーを楽しむ。
⑥ 婦人服売り場は3階です。
⑦ この仕事は主婦に人気がある。
⑧ 新婦のドレスはとてもきれいだった。
⑨ 結婚しても夫とべつの姓のままでいる。
⑩ 同姓同名の人がいておどろいた。

① 　　　② 　　　③ 　　　④ けい　　　⑤
⑥ 　　　⑦ 　　　⑧ 　　　⑨ 　　　⑩

◆ 漢字を書きましょう

① 彼女はひとりむすめで愛されている。
② 子どもはむすめ三人、息子一人だ。
③ おいた親の面倒を見る。
④ ろうごの人生について考える。
⑤ ろうふうふが仲良くさんぽしている。
⑥ 母はせん業しゅふだ。
⑦ 結婚してせいが変わった。
⑧ 書類にせいと名を書く。

① 　　　② 　　　③ 　　　④
⑤ 　　　⑥ 　　　⑦ 　　　⑧

とくべつな言葉……百姓
ひゃくしょう

仲間
なかま

Peer
伙伴
Bạn bè, đồng nghiệp

仲 (6) なか / チュウ

君 (7) きみ / クン

彼 (8) かれ かの / ヒ

他 (5) ほか / タ

◆ 漢字を読みましょう

① 二人は大の仲良しだ。
② 友達のけんかの仲裁をする。
③ この仕事は君に任せたよ。
④ 細川君にチョコをあげた。
⑤ 彼はまじめでやさしい青年だ。
⑥ 彼女をデートにさそって、断られた。
⑦ お彼岸に、はかまいりをする。
⑧ 他に意見はありませんか。
⑨ この話は他言無用だ。
⑩ 彼は他人にきょうみがない。

| ① | ② さい | ③ | ④ | ⑤ |
| ⑥ | ⑦ がん | ⑧ む | ⑨ | ⑩ |

◆ 漢字を書きましょう

① あの兄弟はなかがいい。
② なかまを大切にする。
③ 売買をちゅうかいする。
④ 田中くんをさそってあそびに行く。
⑤ かれしに手料理をごちそうする。
⑥ かのじょはとてもきれいな人だ。
⑦ そのた、質問があればどうぞ。
⑧ たこくの文化を学ぶ。

| ① | ② | ③ | ④ |
| ⑤ 氏 し | ⑥ | ⑦ | ⑧ |

友達
ともだち

Friend
朋友
Ban bè

8章 関係

初 (7)	そ-める　はじ-め　はじ-めて　はつ　うい　ショ

再 (6)	ふたた-び　サイ　サ

久 (3)	ひさ-しい　キュウ　ク

達 (12)	タツ

◆ 漢字を読みましょう

① 父と母のなれ初めを聞く。
② 書き初めに「初日の出」と書いた。
③ 新入社員のスーツすがたが初々しい。
④ この映画は今日が公開初日だ。
⑤ 再びトラブルが起きてしまった。
⑥ 成績が悪く、再試験を受ける。
⑦ 再来年には新しい駅がかん成する。
⑧ 彼女とは久しく会っていない。
⑨ 永久に平和が続くことを願う。
⑩ 子どもは語学の上達が早い。

① ② ③ ④ ⑤
⑥ ⑦ ⑧ ⑨ ⑩

◆ 漢字を書きましょう

① 4月のはじめには、さくらが満開になる。
② 昨日はじめて車を運転した。
③ 富士山にはつゆきが降った。
④ しょしんに返って、やり方を見直す。
⑤ 何事もさいしょが大切だ。
⑥ 学生時代の親友にさいかいする。
⑦ ひさしぶりに友達に会った。
⑧ 手紙をそくたつで出す。

① ② ③ ④
⑤ 最 ⑥ ⑦ ⑧
　 さい

とくべつな言葉……屋久島
　　　　　　　　　やくしま

個性
こせい

Characteristics
个性
Cá tính

個 (10) コ

性 (8) セイ ショウ

各 (6) おのおの カク

格 (10) カク コウ

◆ 漢字を読みましょう

① 一個 300 円のりんごを買う。
② レストランの個室を予約した。
③ 彼のファッションは個性的だ。
④ この紙は水にとけやすい性質を持つ。
⑤ 彼女とは相性がよく、気が合う。
⑥ 世界各国の人口を調べた。
⑦ 各自、昼食を持って来てください。
⑧ 彼女はグループのリーダー格だ。
⑨ 仕事のやくに立つ資格をとる。
⑩ コースをまちがえて失格になった。

| ① | ② | ③ てき | ④ | ⑤ あい |
| ⑥ | ⑦ | ⑧ | ⑨ し | ⑩ しっ |

◆ 漢字を書きましょう

① こじんてきな意見を言う。
② 子どものこせいを伸ばしてやりたい。
③ このカフェはじょせいきゃくが多い。
④ すいせいボールペンで書く。
⑤ 私はひえしょうでいつも手が冷たい。
⑥ 人はおのおの、考え方がちがう。
⑦ ごうかくきがんのお守りをもらった。
⑧ 明るいせいかくは父親ににている。

| ① 的な | ② | ③ | ④ |
| ⑤ | ⑥ | ⑦ 祈 き | ⑧ |

とくべつな言葉⋯⋯ 格子 こうし

8章 復習

1. 漢字の読み方を書いてください。

① この研究にはたくさんの人が関わっている。　①
② 私の家の朝ご飯はいつも和食だ。　②
③ 来年、娘が結婚することになった。　③
④ 彼は年れいよりも老けて見える。　④
⑤ 一人ひとりの個性を大切にする。　⑤
⑥ 山本君はクラスでとても人気がある。　⑥
⑦ これがだめなら、他の方法を考える必要がある。　⑦
⑧ 初心を忘れずに、全力でがんばってください。　⑧
⑨ 再来月引っこしする予定で、家を探している。　⑨
⑩ 各クラス、代表者を一人選んでください。　⑩

2. 漢字を書いてください。

① Ａ市とＢ市が友好かんけいを結ぶ。　①
② あのふうふは、どこへ行く時もいつもいっしょだ。　②
③ 病院でどうせいどうめいの名前が呼ばれておどろいた。　③
④ ろうごの人生の楽しみとして野菜を育てたい。　④
⑤ この時計はデザインがこせいてきだ。　⑤　　的
⑥ 彼は明るいせいかくで、だれからも好かれている。　⑥
⑦ あの二人はなかが良くて、いつもいっしょにいる。　⑦
⑧ はじめて車を運転したときは、とてもきんちょうした。　⑧
⑨ 同じクラスだった田中さんと20年ぶりにさいかいした。　⑨
⑩ 合否の結果がそくたつでとどいた。　⑩

7・8章 アチーブメントテスト

【1】次の文の下線をつけた言葉の読み方を①~④の中から選び、番号を書いてください。

1. この<u>中身</u>は何か知っていますか。
   ①なかみ　　②なかしん　　③ちゅうみ　　④ちゅうしん

2. <u>再来年</u>には家を買おうと思っている。
   ①さいらいねん　　②さらいねん　　③さらいどし　　④さいらいどし

3. 今日、北海道で<u>初雪</u>が降ったそうだ。
   ①しょせつ　　②ういゆき　　③はつゆき　　④ういせつ

4. <u>他</u>にもいいアイデアがあれば、教えてください。
   ①ほが　　②ほか　　③た　　④だ

5. 今回は<u>幸い</u>なことに、大きなじこにならなかった。
   ①わさわいな　　②しあわいな　　③さいわいな　　④ならわいな

1.	2.	3.	4.	5.

【2】次の文の下線をつけた言葉の漢字を①~④の中から選び、番号を書いてください。

1. リーダーとして、このプロジェクトに<u>かかわって</u>いる。
   ①関わって　　②間わって　　③係わって　　④開わって

2. 木村さんは毎年<u>ふうふ</u>で旅行に出かけている。
   ①夫妻　　②主婦　　③夫婦　　④主妻

3. こちらに、<u>いちれつ</u>にならんでお待ちください。
   ①一位　　②一側　　③一倒　　④一列

4. こんなきれいなけしきを見たのは、生まれて<u>はじめて</u>だ。
   ①初めて　　②始めて　　③初て　　④始て

5. クラスにどうせい<u>同名</u>の人がいて、びっくりした。
   ①同生　　②同正　　③同性　　④同姓

1.	2.	3.	4.	5.

【３】①～⑳の下線部の漢字または読み方を書いてください。

父と母のなれ①初め

今日は、家族で父と母の②結婚20年を③いわった。

母は、④ともだちの⑤しょうかいで父と知り合い、出会ってから半年で⑥付き合い始めたそうだ。その後、父からのプロポーズで二人は⑦こんやくした。プロポーズの言葉は「君を一生⑧守る」だったそうだ。いつもはお酒をあまり飲まない母も、今日は⑨久しぶりのお酒に少し⑩よったようで、うれしそうに話してくれた。

父は大人しい⑪性格で、仕事ばかりしていたので、まわりの友達からは「山下⑫くんは一生⑬独身でいるんじゃないか。」と言われていたらしい。結婚すると聞いて、みんなとてもおどろいたそうだ。でも、たくさんの人に⑭しゅくふくされ、とてもいい⑮結婚式だったと母はなつかしそうに話していた。

今でもいっしょにさんぽに出かけたり、二人でテニスを習ったりと、⑯なかが良い。テニスの⑰上達は母の方が早いが、それでも父はとても楽しそうだ。そういう二人を見ていると、⑱むすめの私も⑲幸せだ。いつまでもなか良くいてほしいと⑳願っている。

①	②	③	④
⑤	⑥	⑦	⑧
⑨	⑩	⑪	⑫
⑬	⑭	⑮	⑯
⑰	⑱	⑲	⑳

7・8章 クイズ

【1】A、Bから一つずつ合わせて漢字を作り、□に入れてください。
Aは何度でも使えます。

1. ほどけたくつのひもを□び直す。
2. 田中部長にはかわいい□さんがいる。
3. 結婚して□を変えた。
4. あの兄弟はいつもいっしょにいて、□がいい。
5. あの人とは何の関□もありません。
6. 彼女は今まで一度も□束をやぶったことがない。
7. いんしょうに残る自己□介をする。

【2】□から漢字を一字選んで、「各、再、初、他、身」を使った言葉を作ってください。（　）には読み方を書いてください。

結・各・再・初・他・身

（例）結 { 婚…友達は来月（けっこん）するそうだ。
　　　　末…このドラマの（けつまつ）が気になってしかたがない。

1. □ { 人…（　　　）の意見をしっかり聞く。
　　　 社…この商品は（　　　）に負けない自信がある。

2. □ { 国…（　　　）の首脳が集まる。
　　　 地…日本（　　　）のおまつりを見に行く。

3. □ { 雪…東京に（　　　）が降った。
　　　 心…（　　　）を忘れずにがんばろう。

4. □ { 会…学生時代の友達と（　　　）した。
　　　 生…録画したDVDを（　　　）する。

5. □ { 分…手続きには（　　　）しょう明書が必要です。
　　　 長…彼は（　　　）が180センチもある。

7・8章　クイズ

【3】（　）に入る言葉を右の□から選んで、漢字に直して入れてください。

* * * * * * 今月の顔 * * * * * *

木村　花子さん　　　料理研究家

〜おいしいものを食べると、①（　　）を感じます〜

大手食品会社に入社し、商品開発を担当。
料理研究家のアシスタントを経験した後、2004年に②（　　）。
全国③（　　）の料理をヒントに、④（　　）豊かなメニューの開発に取り組んでいる。
夫と二人の⑤（　　）の4人家族。しゅみは夫と旅行に行くこと。しょう来は船でごうかな世界一周の旅に出るのが夢で、そのために500万円以上の⑥（　　）を目指している。
とくい分野はフランス料理を独自にアレンジした⑦（　　）。現在は本やテレビなどを中心に活動している。

| かくち |
| ちょきん |
| こせい |
| わしょく |
| しあわせ |
| どくりつ |
| むすめ |

【4】友子さんの結婚式に、友達のひとみさんが手紙を書きました。下線の読み方を書いてください。

友子へ

①結婚おめでとう。高校時代のクラスメイトだった山川くんと友子が②夫婦になるなんて本当にびっくりした。二人が2年前の同窓会で③再会してそれから④付き合っていたとは。おとなしい性格の友子と⑤個性の強い⑥彼という組み合わせ…。でも二人ならきっと⑦幸せな家ていを作っていけるはず。彼も友子のことを⑧必ず⑨守ると親友の私に⑩約束してくれたよ。二人の幸せを⑪願っています。⑫末永くお幸せに。

ひとみより

| ① | ② | ③ | ④ | ⑤ | ⑥ |
| ⑦ | ⑧ | ⑨ | ⑩ | ⑪ | ⑫ |

9章 学校 — 子ども

Schools / 学校 / Trường học
Pupil / 儿童 / Trẻ em

漢字

- 幼 (5) おさな-い / ヨウ
- 児 (7) ジ／ニ
- 童 (12) わらべ / ドウ
- 徒 (10) ト

◆ 漢字を読みましょう

① 幼いころ、病気でよく入院した。
② 幼ち園から元気な声が聞こえる。
③ 幼少期は自然の中であそぶのがよい。
④ 彼は考え方が幼い。
⑤ この本は児童が読むのに良い本だ。
⑥ 乳児のころは急な体調の変化が多い。
⑦ 小児科へ子どもを連れて行く。
⑧ 「ももたろう」は有名な童話である。
⑨ 祖母に古い童歌を教えてもらった。
⑩ この中学校には生徒が500人いる。

◆ 漢字を書きましょう

① おさないころから書道を習っている。
② ようじ用の本がたくさん置いてある。
③ 私はじどう相談所で働いている。
④ 森さんは毎日いくじで忙しい。
⑤ しょうにかの医者になりたい。
⑥ 小学校のクラス会でどうしんに帰った。
⑦ 田中先生はせいとから人気がある。
⑧ 学校までとほで通う。

9章　学校

先生
せんせい

Teacher
老师
Giáo viên

担 (8)	かつ-ぐ　にな-う　タン

任 (6)	まか-せる　まか-す　ニン

師 (10)	シ

組 (11)	く-む　くみ　ソ

◆ 漢字を読みましょう

① 重い荷物を担ぐ。
② 教師は若者の成長のせき任を担う。
③ 中学校で理科の授業を担当している。
④ レジの仕事をアルバイトに任せる。
⑤ 親に負担をかけたくない。
⑥ 内科の医師に相談する。
⑦ となりの人と会話練習のペアを組む。
⑧ 同じ組の友達とあそぶ。
⑨ プラモデルを組み立てる。
⑩ 学校という組織のトップは校長だ。

① 　　② 　　③ 　　④ 　　⑤

⑥ 　　⑦ 　　⑧ 　　⑨ 　　⑩　　しき

◆ 漢字を書きましょう

① 重要な仕事を部長にまかされる。
② 未来をになう若者に期待する。
③ たんにんの先生にほめられる。
④ 高校きょうしになりたい。
⑤ ちょうりしとして病院で働く。
⑥ うでをくんで考え事をしている。
⑦ 試合のくみあわせが決まった。
⑧ テレビばんぐみを録画する。

① 　　② 　　③ 　　④

⑤ 　　⑥ 　　⑦ 　　⑧

教室
きょうしつ

Classroom
教室
Lớp học

机 (6)	つくえ / キ
板 (8)	いた / ハン バン
座 (10)	すわーる / ザ
筆 (12)	ふで / ヒツ

◆ 漢字を読みましょう

① 机の上に教科書を出す。
② 入学祝いに父が机を買ってくれた。
③ つかれたのでベンチに座った。
④ 星座うらないを信じる。
⑤ 木の板を買って、犬小屋を作った。
⑥ 黒板に字を大きく書く。
⑦ 掲示板で学校のお知らせを見る。
⑧ 書道で使う筆を買う。
⑨ えん筆を貸してください。
⑩ 万年筆をプレゼントする。

① 　　② 　　③ 　　④ 　　⑤
⑥ 　　⑦ けいじ　　⑧ 　　⑨ 　　⑩

◆ 漢字を書きましょう

① いすをつくえの中に入れる。
② ソファにすわってテレビを見る。
③ たたみの部屋でせいざする。
④ まないたの上で野菜を切る。
⑤ 先生のばんしょの字が読めない。
⑥ ひっしゃの意見に賛成だ。
⑦ ひっきしけんを受ける。
⑧ ふでで年がじょうを書いた。

① 　　② 　　③ 　　④
⑤ 　　⑥ 　　者(しゃ)　⑦ 　　⑧

とくべつな言葉……机上(きじょう)、板木(はんぎ)

9章　学校

社会科
しゃかいか

Social Studies
社会課
Xã hội học

政 (9)　まつりごと　セイ　ショウ

治 (8)　おさ−まる　おさ−める　なお−る　なお−す　ジ　チ

経 (11)　へ−る　ケイ　キョウ

済 (11)　す−む　す−ます　サイ

◆ 漢字を読みましょう

① 国民のための政治が良い社会を作る。
② 政府は税金を上げることを発表した。
③ 大とうりょうは20年も国を治めている。
④ 病気が早く治るように願う。
⑤ 歯医者に行って虫歯を治してもらった。
⑥ 長い年月を経て町の様子が変わった。
⑦ 経済学部を卒業して銀行員になった。
⑧ 経験を積んで早く一人前になりたい。
⑨ 漢字の勉強が済んだら次は文法だ。
⑩ ゲームをする前に宿題を済ました。

①　　②　　③　　④　　⑤
⑥　　⑦　　⑧　　⑨　　⑩

◆ 漢字を書きましょう

① せいじに関心が持てない人が多い。
② 薬を飲んだら、せきがおさまった。
③ 病気をなおすために入院する。
④ 早くちりょうしてもらったほうがいい。
⑤ 留学をへて通訳者になった。
⑥ 日本でけいけんしたことは忘れない。
⑦ 用事をすましてから家へ帰った。
⑧ 車のローンをへんさいする。

①　　②　　③　　④ 療
りょう
⑤　　⑥　　⑦　　⑧

とくべつな言葉……　政（まつりごと）、摂政（せっしょう）、お経（きょう）

体育
たいいく

Physical Education
体育
Thể dục

具 (8) グ

棒 (12) ボウ

箱 (15) はこ

伸 (7) の−びる　の−ばす　の−べる　シン

◆ 漢字を読みましょう

① 調理道具をそろえる。
② 文具店でノートを買う。
③ 具体例を出して説明した。
④ 商品を箱につめる。
⑤ 空き箱におもちゃをしまう。
⑥ 棒を使ってストレッチする。
⑦ 一日中歩いて足が棒になった。
⑧ 1年で身長が5センチ伸びた。
⑨ 救いの手を差し伸べる。
⑩ 運動の前に屈伸をする。

| ① | ② | ③ れい | ④ | ⑤ |
| ⑥ | ⑦ | ⑧ | ⑨ | ⑩ くつ |

◆ 漢字を書きましょう

① 新しいかぐを買う。
② 公園のゆうぐであそぶ。
③ はこから本を出して机にならべた。
④ 部屋のすみにゴミばこを置く。
⑤ 学校のてつぼうであそんだ。
⑥ アンケート結果をぼうグラフで表す。
⑦ 学力をもっとのばしたい。
⑧ 朝起きてのびをする。

| ① | ② 遊ゆう | ③ | ④ |
| ⑤ | ⑥ | ⑦ | ⑧ |

9章 復習

1. 漢字の読み方を書いてください。

① 未来を担う子どもたちを社会全体で育てる。　①
② この文しょうで筆者が言いたいことは何だろうか。　②　　　しゃ
③ 政府は税金を上げることを決定した。　③
④ 小川さんはしっかりしているので何でも任せられる。　④
⑤ つかれたので、いすに座ってコーヒーを飲んだ。　⑤
⑥ 幼い子どもだけで外を歩くと危ない。　⑥
⑦ 机といすをきちんとならべてください。　⑦
⑧ 子どもがかぜを引いたので、小児科へ連れて行く。　⑧
⑨ 中学生の時、1年間で身長が10センチも伸びた。　⑨
⑩ 病気の治療に3か月かかった。　⑩　　　りょう

2. 漢字を書いてください。

① 父は小学校のきょうしをしている。　①
② 仲が良かった友達と、ちがうくみになってしまった。　②
③ 先生がこくばんに書いた漢字が難しくて読めなかった。　③
④ 引っこしをしたら、新しいかぐを買いたくなった。　④
⑤ 使い終わったペンは、そのはこに入れてください。　⑤
⑥ 子どものころ、母にどうわを読んでもらった。　⑥
⑦ 記入が全部すんだら教えてください。　⑦
⑧ 山田先生は、どのせいとにも優しい。　⑧
⑨ 日本のけいざいについて勉強したいと思っている。　⑨
⑩ 昨日3時間も歩いたので、足がぼうになった。　⑩

10章 受験
じゅけん
Examination
考试
Dự thi

希望
きぼう

Desire
希望
Nguyện vọng

希 (7) キ

望 (11) のぞ-む　ボウ　モウ

夢 (13) ゆめ　ム

的 (8) まと　テキ

◆ 漢字を読みましょう

① 希少動物をほごする。
② 希望の大学に合格した。
③ 望遠鏡で星を見る。
④ 親が望んでいたので医者になった。
⑤ 夢に好きな人が出てきた。
⑥ 子どものころの夢は歌手だった。
⑦ オンラインゲームに夢中になる。
⑧ 彼女のファッションは注目の的だ。
⑨ 今年は全国的に暑かった。
⑩ 日本に来た目的を聞かれた。

| ① | ② | ③ きょう | ④ | ⑤ |
| ⑥ | ⑦ | ⑧ | ⑨ | ⑩ |

◆ 漢字を書きましょう

① きぼう校は、東京大学だ。
② 幸せになりたいとのぞむ。
③ 彼の言動には本当にしつぼうした。
④ あくむにうなされてねむれなかった。
⑤ たからくじに当たるなんてゆめのようだ。
⑥ テストで予想がてきちゅうした。
⑦ 日本のだいひょうてきな小説を読む。
⑧ 入試までけいかくてきに勉強する。

| ① | ② | ③ 失 | ④ 悪 |
| ⑤ | ⑥ | ⑦ | ⑧ |

とくべつな言葉……所望
しょもう

10章　受験

学校探し
がっこうさが

School Searching
寻找学校
Tim trường

可 (5)　カ

調 (15)　しら－べる　ととの－う
　　　　ととの－える
　　　　チョウ

能 (10)　ノウ

選 (15)　えら－ぶ
　　　　セン

◆ 漢字を読みましょう
　かんじ　　よ

① 可能なかぎりがんばりたい。
② 合格の可能性は 50% だ。
　　ごうかく
③ 彼はすばらしい才能を持っている。
　かれ　　　　　　　　さいのう　も
④ 日本語能力試験を受けた。
　にほんご　　　　　　　う
⑤ 出願書類の準備が調った。
　しゅつがんしょるい　じゅんび　ととの
⑥ 運動を始めたら体の調子が良い。
　うんどう　はじ　　からだ　ちょうし　よ
⑦ 辞書で言葉の意味を調べる。
　じしょ　ことば　いみ　しら
⑧ アンケート調査を行った。
　　　　　　ちょうさ　おこな
⑨ 通学を考えて家から近い学校を選ぶ。
　つうがく　かんが　いえ　ちか　がっこう　えら
⑩ 新しい市長を決める選きょがある。
　あたら　しちょう　き

①　　　　②　　　　③　　　　④　　　　⑤

⑥　　　　⑦　　　　⑧　　　　⑨　　　　⑩

◆ 漢字を書きましょう
　かんじ　か

① この世にふかのうなことはない。
　　　よ
② のうりょくを仕事にいかす。
　　　　　　しごと
③ このメーカーの車はせいのうが良い。
　　　　　　　くるま　　　　　　よ
④ かぜを引いてたいちょうが良くない。
　　　　ひ　　　　　　　　　よ
⑤ 受験勉強はじゅんちょうに進んでいる。
　じゅけんべんきょう　　　　　　すす
⑥ 塩を入れて味をととのえる。
　しお　い　　あじ
⑦ サッカーの日本代表にえらばれた。
　　　　　にほんだいひょう
⑧ 私の姉はテニスせんしゅだ。
　わたし　あね

①　　　　②　　　　③　　　　④

⑤　　　　⑥　　　　⑦　　　　⑧

83

面接 1

面 (9)	おも　おもて　つら　メン

受 (8)	う-かる　う-ける　ジュ

接 (11)	つ-ぐ　セツ

落 (12)	お-ちる　お-とす　ラク

◆ 漢字を読みましょう

① アルバイトの面接を受けた。
② 彼女は面長美人だ。
③ 面接では外面が良くてもだめだ。
④ 私の家は大通りに面している。
⑤ バラの若木を接ぐ。
⑥ 週末、大型台風が接近するそうだ。
⑦ 投手のボールを受ける。
⑧ 大学を3校、受験する予定だ。
⑨ 駅でさいふを落としたようだ。
⑩ 近所にかみなりが落ちておどろいた。

◆ 漢字を書きましょう

① しょうめんを向いて話す。
② 湖のおもてに太陽が映る。
③ 人とせっする仕事がしたい。
④ 行きたい大学にうかってうれしい。
⑤ お店のあん内メールをじゅしんした。
⑥ 合格通知を速達でうけとった。
⑦ パソコンの電げんをおとす。
⑧ らくごを見に行く。

とくべつな言葉……　面白い

10章　受験

面接2
めんせつ

Interview 2
面试 2
Phỏng vấn 2

倍 (10)　バイ

平 (5)　たい－ら　ひら　ヘイ　ビョウ

率 (11)　ひき－いる　ソツ　リツ

均 (7)　キン

◆ 漢字を読みましょう

① 受験者数は去年の二倍だそうだ。
② この大学は人気があって倍率が高い。
③ 人一倍元気よく、質問に答える。
④ 学生を率いて、遠足へ行く。
⑤ 雨が降る確率は 10%だ。
⑥ 水が入ったバケツを平らに持つ。
⑦ 彼は入社以来ずっと平社員のままだ。
⑧ 平日の夕方はアルバイトをしている。
⑨ 前回のテストの平均は 80 点だった。
⑩ 百円均一の店でボールペンを買った。

①　　　　②　　　　③　　　　④　　　　⑤ かく

⑥　　　　⑦　　　　⑧　　　　⑨　　　　⑩

◆ 漢字を書きましょう

① 売り上げは去年のさんばいだ。
② こうりつ良く仕事をする。
③ 先生が生徒をいんそつする。
④ へいわな世の中を望んでいる。
⑤ 私はへいせい 10 年生まれだ。
⑥ たいらな岩の上に座る。
⑦ 手のひらを広げて手相を見てもらう。
⑧ ケーキをびょうどうに切り分ける。

①　　　　　　② 効
　　　　　　　　　こう
③　　　　　　④

⑤　　　　　　⑥　　　　⑦　　　　⑧　　　　どうに

成績
せいせき

Results
成绩
Thành tích

成 (6) なーる なーす　セイ ジョウ

良 (7) よーい　リョウ

績 (17) セキ

悪 (11) わるーい　アク オ

◆ 漢字を読みましょう

① このろん文は５つのしょうから成る。
② 難関校合格という目ひょうを成しとげた。
③ ロケットの打ち上げに成功する。
④ 苦手科目の成績が上がってうれしい。
⑤ あの会社は最近業績が伸びている。
⑥ 体調が良くないので、早退した。
⑦ 検査の結果は良好だった。
⑧ 明日は天気が悪くなるそうだ。
⑨ 悪気はなく失礼なことをしてしまった。
⑩ 熱もあるし、悪寒もする。

① ② ③ ④ ⑤ ぎょう
⑥ ⑦ ⑧ ⑨ ⑩

◆ 漢字を書きましょう

① 学校の新しいビルがかんせいした。
② 子どものせいちょうを楽しみにする。
③ 優勝という目ひょうをたっせいした。
④ せいじんしきに和服を着る。
⑤ 研究者としてのじっせきをあげる。
⑥ ふりょうひんを返品する。
⑦ 友達にわるぐちを言われて悲しかった。
⑧ 寒い中外出したら、かぜがあっかした。

① ② ③ ④
⑤ 実じっ ⑥ ⑦ ⑧

とくべつな言葉……**成就**（じょうじゅ）

10章 復習

1. 漢字の読み方を書いてください。

① 倍率の高い学校に合格することができた。　①
② 子どもの成長を写真に記録している。　②
③ 今度の校外学習は教師10人で引率する。　③
④ 人の悪口は言わないほうがいい。　④
⑤ 大学に受かったことをすぐに親に報告した。　⑤
⑥ 富士山を3時間で登るのは不可能だ。　⑥
⑦ 彼は外面ばかり良くて、話の内ようは信用できない。　⑦
⑧ 彼はまじめな性格で、成績も良好な青年だ。　⑧
⑨ 大学の面接があるので、先生に練習をお願いした。　⑨
⑩ 体調をくずして、学校を3日間休んだ。　⑩

2. 漢字を書いてください。

① きぼうの大学に合格することができた。　①
② どこかで時計をおとしてしまったようだ。　②
③ ゲームにむちゅうになって、寝るのが遅くなった。　③
④ 代表チームをひきいて、外国チームと戦った。　④
⑤ 古くなったので、せいのうがいいパソコンを買った。　⑤
⑥ フランス留学のもくてきは、おかし作りを学ぶことだ。　⑥
⑦ 勉強時間は1日へいきん3時間ぐらいだ。　⑦
⑧ クラスのスピーチ代表にえらばれた。　⑧
⑨ 辞書でわからない言葉をしらべる。　⑨
⑩ 彼はすばらしいせいせきで卒業した。　⑩

9・10章 アチーブメントテスト

【1】次の文の下線をつけた言葉の読み方を①～④の中から選び、番号を書いてください。

1. 児童のための本はわかりやすいので日本語の勉強に役立つ。
   ①にどう　　②じどう　　③こどう　　④しどう

2. 会社では海外営業部でアジアを担当している。
   ①たんと　　②だんとう　　③たんとう　　④だんど

3. たたみの部屋では正座をするのが、日本のしゅうかんである。
   ①せいせ　　②しょうざ　　③せいざ　　④しょうさ

4. 入学祝いに、ずっと欲しかった望遠鏡を買ってもらった。
   ①ぼえんきょう　　②ぽうえんきょう　　③ほうえんきょう　　④ぼうえんきょう

5. 10年という時間を経て、新しいビルがかん成した。
   ①けいて　　②えて　　③きょうて　　④へて

| 1. | 2. | 3. | 4. | 5. |

【2】次の文の下線をつけた言葉の漢字を①～④の中から選び、番号を書いてください。

1. 学校のせいせきがよかったので、親にほめられた。
   ①成積　　②成績　　③正績　　④成席

2. この世の中にふかのうなことはないと信じている。
   ①不可能な　　②不付能な　　③不日能な　　④不非能な

3. 人とせっするのが好きなので、ホテルで働きたいと思っている。
   ①切する　　②仲する　　③折する　　④接する

4. 日本でいろいろなけいけんをすることができた。
   ①軽験　　②経験　　③組験　　④計験

5. 早くかぜをなおして学校に行きたい。
   ①直して　　②注して　　③治して　　④汗して

| 1. | 2. | 3. | 4. | 5. |

【3】①〜⑳の下線部の漢字または読み方を書いてください。

私の日記

4月 7日　ついにあこがれの①的、小川君と同じ②くみになった。やったあ！
　　　　③担任は田中先生。とても人気があって、どの④せいとにも優しい先生だ。

4月 8日　小川君が、学級委員に⑤選ばれた。さすがだなあ…。

4月20日　今日のテスト、⑥平均点より⑦わるかった。もっと勉強しなきゃ。
　　　　でも、⑧落ちこんでいる私を小川君がはげましてくれた。

5月 1日　虫歯がいたくなって歯医者に行った。早く⑨なおるといいなあ。

7月21日　今日から夏休み。小川君といっしょに図書館で勉強した。小川君のお気に入りの⑩文具を見せてもらった。勉強を⑪すましてから、二人で公園へ行った。ベンチに⑫座って、アイスを食べながらおしゃべりした。楽しかった。

8月 3日　小川君が公園の⑬鉄棒でけんすいしているのを見た。かっこよかった。

9月 5日　身体測定で身長を測ったら、去年から2センチ⑭のびていた。うれしい。

1月22日　小川君と同じ高校を⑮じゅけん。⑯ひっき試験と⑰面接があった。人気校なので⑱ばいりつが高い。私も小川君も合格しますように…。

2月 1日　二人とも⑲希望の高校に合格！

3月24日　卒業式…小川君に告白された。ざっしの⑳星座うらないが当たった！
　　　　4月から、二人で一しょに高校に通えるといいなあ♡

①	②	③	④
⑤	⑥	⑦	⑧
⑨	⑩	⑪	⑫
⑬	⑭	⑮	⑯
⑰	⑱	⑲	⑳

9・10章 クイズ

【1】 みなさん、しょう来の夢は何ですか。□から文と合う仕事の言葉を選んで、下線部の読み方を書いてください。

① ともこ：子どもとあそぶのが大好きで、ピアノがとくい。
② たろう：小さいころから外国にいて英語がとくい。
③ け ん：病気で困っている子どもを助けたい。
④ えりこ：女性だって国のリーダーになりたい。
⑤ なおき：毎日2時間練習している。ゴールが決まるとうれしい。

小児科の医師
幼ち園の先生
英語の教師
サッカー選手
政治家

① ともこ	② たろう	③ けん	④ えりこ	⑤ なおき

【2】 リンさんはスーパーでアルバイトをしようと思っています。右から漢字を選んで□に書いて、読み方も（　）に書いてください。

店長：それでは ①□□（　　　）を始めます。
　　　リンさんは今どこに住んでいますか。
リン：渋谷です。ここまで ②□□（　　　）で来ました。
店長：近いですね。では、③□□（　　　）の曜日はありますか。
リン：水曜日以外ならできます。
店長：そうですか、わかりました。
　　　それでは、これから日本語の ④□□（　　　）試験をします。
リン：え？　今から日本語の試験があるんですか。
店長：かん単な会話文を書くテストです。
　　　お客様とは日本語で話してもらいますから。
リン：わかりました。がんばります。
・・・・・・・・・・・・・・・・・・・・・・・・・・・・・・・・・・
店長：おつかれさまでした。結果は明日電話します。
リン：はい、よろしくお願いします。

記 徒 接 筆 面 望 歩 希

9・10章　クイズ

【3】ゆみこさんとはるかさんが小学校ときのクラス会で会いました。下線部のひらがなには漢字を、漢字には読み方を書いてください。

ゆみこ：あの、やんちゃだった田中君、すっかり①真面目になったね。

はるか：うん。5年前に②ちょうりしのめんきょを取って、すし屋で働いているんだって。お店の③業績が良くて、今度新しいお店の店長になるそうだよ。「子どものころからの④ゆめだったからうれしい」って話してくれたよ。

ゆみこ：すごいね！あのころは、⑤えん筆をわざと⑥おとしたり、授業のあと⑦黒板に落書きしてあそんだり…。いつも先生に怒られてた。

はるか：そうそう。でも、クラスみんなの注目の⑧まとだったね。

①	②	③　ぎょう	④
⑤	⑥	⑦	⑧

【4】①〜⑩の読み方を書いてください。

頭の元気度チェック！！

あてはまるものに☑をしてください。

- □ 小学校の時、同じ①組だった友達の名前を5人以上言えない。
- □ 中学校一年生の時の②担任の先生の名前が言えない。
- □ ③成績が急に④悪くなった。
- □ 気づくと、ぼーっと⑤座っていることがある。
- □ 最近⑥落ちこむことが多い。
- □ 今、⑦夢がない。

☑が5〜6個：頭の元気がなくなっている⑧可能性があります。今すぐ⑨医師に相談を！
☑が3〜4個：最近つかれていませんか？たまには⑩伸びをして、頭を休めて！
☑が1〜2個：今は元気ですが、油断しないで！
☑が0個　：あなたの頭はまだまだ元気！夢に向かってがんばろう！

①	②	③	④	⑤
⑥	⑦	⑧	⑨	⑩

1-10章 まとめテスト

【1】次の文の下線をつけた言葉の読み方を①〜④の中から選び、番号を書いてください。

1. 呼吸が苦しい場合は、直ちに救急車を呼びます。
　①ちょくちに　②ちゃくちに　③じかちに　④ただちに

2. テストの成績で、田中さんに勝る者はいない。
　①かつる　②しょうる　③まさる　④かる

3. 最近は、お茶わんなどの食器も百円均一の店で売っている。
　①ちんいつ　②きんいつ　③かんいつ　④きんいち

4. このプロジェクトのリーダーは君に任せるから、よろしくね。
　①にんせる　②たんせる　③まかせる　④になせる

5. 最新型のパソコンを買った。
　①さいしんかた　②さいしんけい　③さっしんかた　④さいしんがた

| 1. | 2. | 3. | 4. | 5. |

【2】次の文の下線をつけた言葉の漢字を①〜④の中から選び、番号を書いてください。

1. 山田さんはかわいいし、せいかくもいいので、みんなの人気者だ。
　①性格　②正格　③姓格　④生格

2. けんこうのために、毎日やさいを食べるようにしている。
　①野菜　②野細　③谷菜　④野才

3. 熱があるので、医者からにゅうよくや運動はやめたほうがいいと言われた。
　①入湯　②入浴　③入洗　④入活

4. えいえんに変わらぬ愛など、本当にあるのだろうか。
　①英園に　②永園に　③永遠に　④英遠に

5. グラスにビールをそそぐロボットが開発された。
　①汗ぐ　②洗ぐ　③液ぐ　④注ぐ

| 1. | 2. | 3. | 4. | 5. |

1-10章　まとめテスト

【3】①〜⑳の下線部の漢字または読み方を書いてください。

レポーター：みなさんお待たせいたしました。
今日のレースで①ゆうしょうした、村田②選手にインタビューをします。本日はおめでとうございます。

村田：ありがとうございます。

レポーター：ゴール前、苦しそうでした。今日のレースをふり返って、いかがでしたか。

村田：25キロからスピードが③おちてしまいましたが、最後3キロで「この④位置からだったらトップになれる。」と思って走ったらトップになれました。自分の持っている力を全て出せたと思います。

レポーター：この1年間、⑤なやんだこともあったと聞いていますが…。

村田：ええ、⑥記録が⑦のびなくて、大変な⑧時期もありましたが、仲間や自分を⑨しんじてここまで来ることができました…。思い出したら⑩なみだが出てきました。

レポーター：お気持ちわかります。⑪昨年、⑫けっこんされたのも大きなパワーになったのでは？

村田：そうですね。妻も先月うまれた⑬娘も、⑭よろこんでくれると思います。

レポーター：では最後に、おうえんしてくれたみなさんにメッセージをお願いします。

村田：はい。⑮ざんねんな⑯結果が多くて苦しかったとき、みなさんの⑰温かいご声えんに⑱たすけられました。どうもありがとうございました。⑲ゆめをあきらめずに練習すれば、きっといい結果が出ます。みなさんも、がんばってください。

レポーター：すてきな⑳えがおですね。これでインタビューを終わります。ありがとうございました。

①	②	③	④
⑤	⑥	⑦	⑧
⑨	⑩	⑪	⑫
⑬	⑭	⑮	⑯
⑰	⑱	⑲	⑳

11章 授業

授業(じゅぎょう)

Class / 上课 / Giờ học

授 (11)	さず－かる　さず－ける　ジュ
級 (9)	キュウ
業 (13)	わざ　ギョウ　ゴウ
卒 (8)	ソツ

◆ 漢字を読みましょう

① 子どもを授かる。
② あの外科医の手術は神業だ。
③ 学業で力を入れたことは何ですか。
④ 日本語の授業を受けている。
⑤ 仕事がいそがしくて2時間も残業した。
⑥ 初級のクラスで勉強する。
⑦ 高級なレストランで食事をした。
⑧ 高校時代の同級生に会った。
⑨ A社は今年、新卒をさい用しない。
⑩ 大学を卒業したら、日本で働きたい。

① ② かみ ③ ④ ⑤
⑥ ⑦ ⑧ ⑨ ⑩

◆ 漢字を書きましょう

① しゅうしの学位をさずける。
② じゅぎょうは9時から始まる。
③ きょうじゅに研究について相談した。
④ しばらく店をきゅうぎょうする。
⑤ 自動車ぎょうかいについて調べる。
⑥ 彼女はちゅうきゅうクラスの学生だ。
⑦ テストに合格して、しんきゅうできた。
⑧ 今月末、そつぎょうろん文のしめきりだ。

① ② ③ ④
⑤ ⑥ ⑦ ⑧

とくべつな言葉…… 業(ごう)をにやす

11章　授業

欠席
けっせき

Absence
缺席
Vắng mặt

欠 (4) 　か-ける　か-く　ケツ

席 (10) 　セキ

由 (5) 　よし　ユ　ユウ　ユイ

訳 (11) 　わけ　ヤク

◆ 漢字を読みましょう

① 茶わんのふちが欠けてしまった。
② 注意を欠いて、大きなミスをした。
③ 病気で授業を欠席する。
④ 自分の席に着く。
⑤ これから出席をとります。
⑥ 彼の安否は知る由もない。
⑦ メキシコ経由でブラジルへ行く。
⑧ 遅れた理由は何ですか。
⑨ この文を英語に訳してください。
⑩ 申し訳ありません。

①　　　②　　　③　　　④　　　⑤
⑥　　　⑦　　　⑧　　　⑨　　　⑩ もう

◆ 漢字を書きましょう

① 田中さんの行動は常識にかける。
② 彼のけってんは短気なところだ。
③ しんかんせんのしていせきを予約した。
④ 会場で自分のざせきを探す。
⑤ バイトを辞めてじゆうな時間がふえた。
⑥ 名前のゆらいを調べた。
⑦ つうやくの専門学校に通っている。
⑧ 彼女はいいわけばかりする。

①　　　②
③ 指　　　④
⑤　　　⑥
⑦　　　⑧

とくべつな言葉……　由緒ある
　　　　　　　　　　ゆいしょ

説明
せつめい

Explanation
说明
Giải thích

例 (8)	たと－える レイ

易 (8)	やさ－しい エキ　イ

解 (13)	と－ける　と－く　と－かす カイ　ゲ

説 (14)	と－く セツ　ゼイ

◆ 漢字を読みましょう

① 例えば、球技なら野球が好きだ。
② 運動会は例年通り行われる。
③ 易しい言葉で話す。
④ 進学を安易に考えてはいけない。
⑤ 貿易に関係がある仕事がしたい。
⑥ 数学の問題を解いてみる。
⑦ 解熱剤を飲んだら、熱が下がった。
⑧ 彼女の考え方が理解できない。
⑨ 社長は社員に会社の理念を説いた。
⑩ パソコンの使い方を説明した。

| ① | ② | ③ | ④ | ⑤ ぼう |
| ⑥ | ⑦ ざい | ⑧ | ⑨ | ⑩ |

◆ 漢字を書きましょう

① れいのように答えてください。
② れいがいは認めない。
③ じつれいをあげて話す。
④ あんいに仕事を引き受ける。
⑤ 問題集のかいせつを読む。
⑥ どっかいのテストが一番難しかった。
⑦ わかりやすくせつめいしてください。
⑧ 休みの日はしょうせつを読んでいる。

| ① | ② | ③ 実 | ④ |
| ⑤ | ⑥ | ⑦ | ⑧ |

とくべつな言葉……髪を解かす、遊説

努力
どりょく

Effort
努力
Nỗ lực

覚 (12)	おぼ-える さ-ます さ-める カク

忘 (7)	わす-れる ボウ

努 (7)	つと-める ド

続 (13)	つづ-く つづ-ける ゾク

◆ 漢字を読みましょう

① 漢字を350字覚えた。
② 鳥の声で目を覚ます。
③ 政治家の不正が発覚した。
④ 私は努力不足を自覚している。
⑤ 家に忘れ物を取りに帰る。
⑥ 忘年会でたくさんお酒を飲んだ。
⑦ 早寝早起きに努める。
⑧ 林さんは努力家だ。
⑨ 漢字の勉強を毎日続ける。
⑩ 連続ドラマを毎週見ている。

① ② ③ ④ ⑤
⑥ ⑦ ⑧ ⑨ ⑩

◆ 漢字を書きましょう

① 朝5時に目がさめた。
② 寒さで手のかんかくがなくなる。
③ 大人になるとみかくが変わる。
④ 電車の中にかさをわすれた。
⑤ 事けんの解決につとめる。
⑥ どりょくを重ねることは大切だ。
⑦ 雨が3日間ふりつづいている。
⑧ 雨が降っても試合をぞっこうする。

① ② ③ ④
⑤ ⑥ ⑦ ⑧

勉強
べんきょう

Study
学习
Học tập

要 (9) い-る かなめ / ヨウ

復 (12) フク

補 (12) おぎな-う / ホ

効 (8) き-く / コウ

◆ 漢字を読みましょう

① この仕事はかなり根気が要る。
② 山下選手はチームの要だ。
③ 旅行に必要な費用を計算する。
④ 文しょうを要約してまとめる。
⑤ 家から学校まで往復3時間かかる。
⑥ 来月から仕事に復帰する。
⑦ サプリメントでビタミンを補っている。
⑧ テストの点が悪くて、補習を受けた。
⑨ この薬は効き目が早い。
⑩ 効果的な勉強法を教えてもらう。

① ② ③ ④ ⑤ おう
⑥ ⑦ ⑧ ⑨ ⑩

◆ 漢字を書きましょう

① しゅようなメンバーで会議をする。
② 彼はようちゅうい人物だ。
③ 母の病気がかいふくした。
④ 毎日、授業のふくしゅうをしている。
⑤ 汗をかいたので水分をほきゅうする。
⑥ クラスのリーダーにりっこうほする。
⑦ 期げんがすぎてチケットがむこうになる。
⑧ お金をゆうこうに使う。

① ② ③ ④
⑤ 給きゅう ⑥ 候こう ⑦ 無む ⑧

11章 復習
ふくしゅう

1. 漢字の読み方を書いてください。

① 結婚10年目に赤ちゃんを授かった。　①
② 欠席するときは必ず学校に電話してください。　②
③ 海外の人気小説を日本語に訳した。　③
④ 例年通り、文化祭は11月に行われる。　④
⑤ 子どもでもわかるように易しい言葉で書いた。　⑤
⑥ 日本語が上手になるためには、毎日の努力が大切だ。　⑥
⑦ 4日間連続で雨が降っている。　⑦
⑧ この問題はかん単なのですぐ解けた。　⑧
⑨ 工場を見学するには予約が要る。　⑨
⑩ 薬が効いて、すぐに熱が下がった。　⑩

2. 漢字を書いてください。

① こうきゅうホテルでフランス料理を食べた。　①
② 大学をそつぎょうしたら、父の会社で働くつもりだ。　②
③ 高校のクラス会にしゅっせきする。　③
④ 漢字を一日、5文字ずつおぼえる。　④
⑤ 会社に家のかぎをわすれて、家に入れなかった。　⑤
⑥ テストの前は勉強したところをふくしゅうしてください。　⑥
⑦ ホームステイをして日本文化のりかいが深まった。　⑦
⑧ パソコンの使い方をせつめいしてもらった。　⑧
⑨ 生活費をおぎなうためにアルバイトをしている。　⑨
⑩ 彼女が会社を辞めたりゆうを知っていますか。　⑩

12章 地球

The Earth
地球
Trái đất

生物 (せいぶつ)

Living Things
生物
Sinh vật

種 (14) たね / シュ

類 (18) たぐい / ルイ

存 (6) ソン ゾン

在 (6) あーる / ザイ

◆ 漢字を読みましょう

① 畑にかぼちゃの種をまいた。
② このりんごの品種は寒さに強い。
③ 彼は類まれな才能を持っている。
④ 大学に出願書類を送る。
⑤ この店は花の種類が多い。
⑥ 会社を存続させるために努力する。
⑦ 米は低温で保存したほうがいい。
⑧ UFOの存在を信じますか。
⑨ 教育の在り方を考える。
⑩ 在学中はお世話になりました。

① ② ③ ④ ⑤
⑥ ⑦ ほ ⑧ ⑨ ⑩

◆ 漢字を書きましょう

① ひまわりのたねを買った。
② よぼうせっしゅを受けに行った。
③ めいしを五十音順にぶんるいする。
④ いるいをせい理するためケースを買った。
⑤ 彼女はクラスで目立つそんざいだ。
⑥ しっかり休んで体力をおんぞんする。
⑦ この火事のせいぞんしゃは3人だった。
⑧ ざいたくで仕事をしている。

① ② 防(ぼう) ③ ④
⑤ ⑥ ⑦ ⑧

12章　地球

天体
てんたい

Astronomical Body
天体
Thiên thể

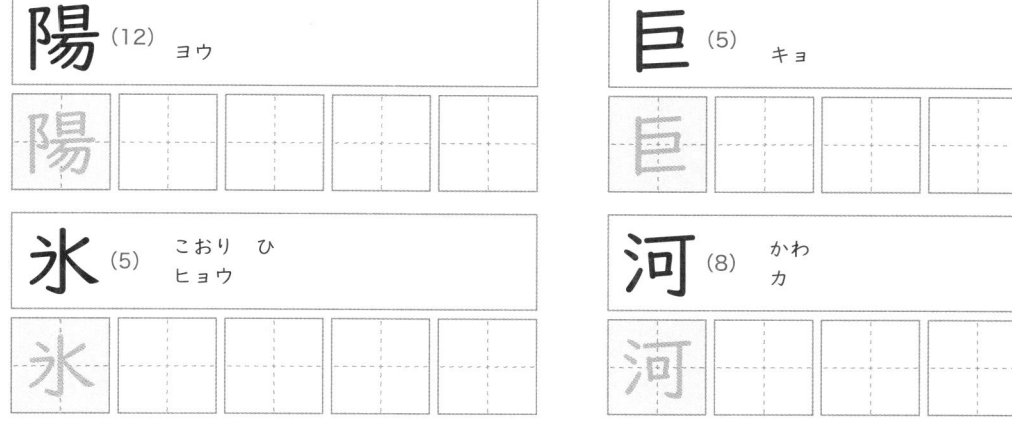

◆ 漢字を読みましょう

① 太陽は東からのぼって西にしずむ。
② 山陽地方を旅行した。
③ 田中さんは陽気な人だ。
④ 巨大なドームを建設している。
⑤ かぶで巨万のとみを手に入れた。
⑥ 気温が氷点下になる。
⑦ 広大な河を船で下った。
⑧ 温暖化で氷河がとけてきている。
⑨ 台風で河川がはんらんした。
⑩ 船で運河をわたる。

◆ 漢字を書きましょう

① たいようの黒点について調べる。
② 検査の結果はようせいだった。
③ 山田代議士は政界のきょじんだ。
④ ダムけんせつにきょがくの費用を投じる。
⑤ 寒さで手がこおりのように冷たい。
⑥ かきごおりにシロップをかける。
⑦ 船がひょうざんにぶつかった。
⑧ かこうの付近でつりをする。

④ 額
がく
⑥ かき

とくべつな言葉……氷雨
ひさめ

自然
しぜん

Nature
自然
Tự nhiên

季 (8)	キ
候 (10)	そうろう / コウ
暖 (13)	あたた-まる　あたた-める　あたた-かい　あたた-か / ダン
流 (10)	なが-れる　なが-す / リュウ　ル

◆ 漢字を読みましょう

① 日本には四季がある。
② 季節外れの雪が降った。
③ 地球の気候変動が問題になっている。
④ 天候不順の日が続いている。
⑤ 3月になって暖かくなってきた。
⑥ ココアを飲んで体が暖まってきた。
⑦ 地球温暖化が進んでいる。
⑧ アマゾン川は南米を流れている。
⑨ 涙を流しながらあやまった。
⑩ インフルエンザが流行している。

| ① | ②　　　　せつ | ③ | ④ | ⑤ |
| ⑥ | ⑦ | ⑧ | ⑨ | ⑩ |

◆ 漢字を書きましょう

① うきは雨の日が続く。
② とうきオリンピックをテレビで見る。
③ こうほしゃの中から市長を選ぶ。
④ 起きたらすぐ部屋をあたためる。
⑤ あたたかい日が続く。
⑥ 今年はだんとうで、雪が少ない。
⑦ 1点入り、試合のながれが変わった。
⑧ りゅうひょうを見に北海道へ行った。

| ① | ② | ③　　者(しゃ) | ④ |
| ⑤ | ⑥ | ⑦ | ⑧ |

とくべつな言葉…… 候文（そうろうぶん）、流布（るふ）

12章 地球

地形 1
ちけい

Terrain 1
地形 1
Địa hình 1

◆ 漢字を読みましょう

① 星の形をしたブローチを買った。
② あの女優は目を整形したそうだ。
③ めいに人形をプレゼントする。
④ 水がよごれていて川の底が見えない。
⑤ 部屋を徹底的にそうじする。
⑥ このプールは深いので注意が必要だ。
⑦ 秋が深まり、こう葉がうつくしい。
⑧ 深夜までアルバイトをしている。
⑨ ねむりが浅くすぐ目が覚める。
⑩ 浅薄な考えですみません。

①   ② せい   ③   ④   ⑤ てっ
⑥   ⑦   ⑧   ⑨   ⑩   ぱくな

◆ 漢字を書きましょう

① 雨にぬれて洋服のかたがくずれた。
② 伝とう的なけいしきで結婚式を行う。
③ 心のそこからお礼を言う。
④ 三角形のていへんの長さを計算する。
⑤ かいていの地形を調査する。
⑥ 日本人との交流をふかめる。
⑦ しんかいぎょのさつえいに成功した。
⑧ あさい海で泳ぐ。

①   ②   ③   ④
⑤   ⑥   ⑦   ⑧

地形 2
ちけい

Terrain 2
地形 2
Địa hình 2

島 (10) しま / トウ

陸 (11) リク

岸 (8) きし / ガン

坂 (7) さか / ハン

◆ 漢字を読みましょう

① 日本は海にかこまれた島国だ。
② 日本列島は南北に細長い。
③ 無人島の探検ツアーにさんかした。
④ 9時に飛行機が着陸する予定だ。
⑤ 台風が九州に上陸した。
⑥ 利根川の岸辺をさんぽする。
⑦ 毎朝海岸をランニングしている。
⑧ 小舟で対岸へわたる。
⑨ 坂道で転んだ。
⑩ この町は坂が多い。

① ② ③ ④ ⑤
⑥ ⑦ ⑧ たい ⑨ ⑩

◆ 漢字を書きましょう

① このしまにはめずらしい植物が多い。
② 下北はんとうへドライブに行く。
③ 海ガメがりくに上がってさん卵する。
④ 高校生の時、りくじょう選手だった。
⑤ アメリカたいりくを横断する。
⑥ かわぎしにきれいな花がさいている。
⑦ おひがんに、はかまいりをする。
⑧ この辺りは上りざかが続いている。

① ② ③ ④
⑤ ⑥ ⑦ ⑧

とくべつな言葉……登坂車線
とうはんしゃせん／とはんしゃせん

12章 復習

1. 漢字の読み方を書いてください。

① 夫婦そろって在宅で仕事をしている。
② 森さんは無口なのに存在感がある。
③ 気温が氷点下になると、水がこおる。
④ 巨大などうくつが発見された。
⑤ 彼女はとても陽気な人だ。
⑥ ここは気候が温暖で過ごしやすい。
⑦ パナマ運河は大西洋と太平洋を結んでいる。
⑧ 海の底にはめずらしい魚がいる。
⑨ 昼間は授業があるので深夜のアルバイトを探す。
⑩ ユーラシア大陸を横断する旅に出た。

2. 漢字を書いてください。

① このコンビニはパンのしゅるいが多い。
② たいようが雲にかくれて見えなくなった。
③ り歴書はけいしきのとおりに書いてください。
④ 日本には春、夏、秋、冬のしきがある。
⑤ この数日、あたたかい日が続いている。
⑥ 旅館の前にはきれいな川がながれている。
⑦ この川はあさいので歩いてわたれる。
⑧ 夏休みにしまでキャンプをした。
⑨ 急なさかみちを自転車で上った。
⑩ かいがんで日光浴をする。

11・12章 アチーブメントテスト

【1】次の文の下線をつけた言葉の読み方を①～④の中から選び、番号を書いてください。

1．高橋選手はオリンピックに3回連続して出場している。
　　①へんぞく　　②れんぞく　　③えんしょく　　④れんしょく

2．この文を日本語に訳してください。
　　①わくして　　②わやして　　③やくして　　④わけして

3．この問題は難しいので、解くのに時間がかかる。
　　①とく　　②ごかい　　③かいく　　④ほどく

4．日本語の勉強を始めたばかりなので、易しい日本語だったら分かります。
　　①たのしい　　②やさしい　　③うつくしい　　④やすしい

5．時間を有効に使うため計画を立てる。
　　①ゆうきに　　②ゆこうに　　③ゆうこうに　　④ゆきに

1.	2.	3.	4.	5.

【2】次の文の下線をつけた言葉の漢字を①～④の中から選び、番号を書いてください。

1．来年大学をそつぎょうする予定だ。
　　①終業　　②率業　　③卒行　　④卒業

2．日本にはしきがあり、春になるとさくらがさく。
　　①四季　　②四期　　③四記　　④四委

3．わかりにくい問題はれいを示したほうがいい。
　　①例　　②倒　　③冷　　④列

4．このごろ、ざんぎょうが多くてつかれがたまっている。
　　①参業　　②浅業　　③残業　　④算業

5．火星に生物がそんざいすると思いますか。
　　①在存　　②存在　　③村材　　④存材

1.	2.	3.	4.	5.

【3】①〜⑳の下線部の漢字または読み方を書いてください。

新入生オリエンテーション

下記の内容は留学生活を送る上で①重要なことです。②在学中はしっかり守ってください。

A. ③授業について

(1) 早く上手になるために、できるだけ日本語を使うようにしましょう。

(2) 授業が終わったら毎日必ず④ふくしゅうしましょう。文法⑤解説書があると自宅学習に便利です。

(3) 漢字は毎日8文字ずつ⑥おぼえましょう。

(4) 宿題やレポートは⑦わすれずに出してください。

(5) 中間テストや期末テストの成績で⑧進級を決定します。テストが60点以下の場合は、⑨補習を受けてください。

(6) 会話の授業は⑩4種類から選ぶことができます。

B. ⑪しゅっせきについて

(1) 学習⑫効果を上げるためにも、出席率100%を目指して、毎日学校へ来る⑬どりょくを⑭続けてください。

(2) ⑮けっせきの場合は必ず学校に連絡してください。

(3) 受験で休む場合は、しょう明書が⑯ひつようです。

(4) ちこくした場合は⑰りゆうをきちんと⑱せつめいしてください。

※日本人との⑲交流会にもさんかして日本についての知識を⑳ふかめましょう。

アークアカデミー

①	②	③	④
⑤	⑥	⑦	⑧
⑨	⑩	⑪	⑫
⑬	⑭	⑮	⑯
⑰	⑱	⑲	⑳

11・12章 クイズ

【1】漢字パズルです。□の中を足して、言葉を作ってください。

例： 女 + 又 + 力　力　=　努 力

① 言 + 兌　日 + 月　=　□□
② ネ + 甫　羽 + 白　=　□□
③ ナ + 月　六 + ㄨ + 力　=　□□
④ 禾 + 重　米 + 大 + 頁　=　□□
⑤ 王 + 里　角 + 刀 + 牛　=　□□

【2】言葉を探して、その部分を黒くぬりましょう。黒くぬった部分をよく見ると、ひらがなが見えます。何というひらがなですか。

補	易	自	坂	説	席	卒
調	理	由	授	業	解	存
忘	覚	氷	要	補	訳	在
巨	例	河	由	通	例	島
訳	候	卒	授	訳	級	陸
深	形	例	年	上	気	候
岸	効	太	授	陸	季	底
解	河	陽	坂	道	由	続

（例）調理

【3】左の文と関係がある言葉になるように、□から漢字を選んで書いてください。

1. 授業が終わってからします。・・・・・・・・・ □□
2. 学校を休みます。・・・・・・・・・・・・・・・ □□
3. 大学生活が終わりました。・・・・・・・・・・・ □□
4. 毎日がんばっています。・・・・・・・・・・・・ □□
5. 英語の言葉を日本語にかえます。・・・・・・・・ □□

| 復 | 訳 | 欠 | 努 | 卒 | 通 | 力 | 業 | 席 | 習 |

【4】パンフレットを見て、漢字には読みを、ひらがなには漢字を書いてください。

ARC 科学館

ARC科学館では、館内を①じゆうに見学することができます。全てのものをじっさいにさわることができますので、②感覚を確かめてみてください。また、多くの③種類のアトラクションを体験することができます！ARC科学館で、科学に関する知識を④ふかめましょう！

3Dムービーシアター上映中

★ 11:00 ～ 11:30　海の中の生活って？？　～⑤海底への旅～
★ 12:00 ～ 12:30　⑥氷河があぶない！？　～アラスカへの旅～
★ 13:00 ～ 13:30　空から地球を見てみよう！　～地球・月・⑦太陽の関係～
★ 14:00 ～ 14:30　⑧しきの移り変わりの中で見る日本　～日本⑨列島の旅～

※ ただいま⑩きょだいプラネタリウムを建設中です！　お楽しみに！！

開館時間：10:00 ～ 17:00　休館日：毎週水曜日
入場料：大人800円　学生・子ども400円

| ① | ② | ③ | ④ | ⑤ |
| ⑥ | ⑦ | ⑧ | ⑨ | ⑩ |

13章 旅行 / 旅行 I

Travel I
旅行 1
Du lịch 1

準 (13) ジュン

備 (12) そな-える そな-わる ビ

迎 (7) むか-える ゲイ

変 (9) か-わる か-える ヘン

◆ 漢字を読みましょう

① パーティーの準備を進める。
② 下水の設備がととのった。
③ 新井選手は守備がうまい。
④ 万一に備えて貯金する。
⑤ 家族そろって新年を迎える。
⑥ 温かい出迎えを受ける。
⑦ 駅からホテルまでの送迎バスがある。
⑧ 葉の色が緑から赤に変わる。
⑨ この牛乳は変なにおいがする。
⑩ 今年は変化の多い年だった。

① ②せつ ③しゅ ④ ⑤
⑥ ⑦ ⑧ ⑨ ⑩

◆ 漢字を書きましょう

① サッカーの全国大会でじゅんゆうしょうした。
② 引っ越しのじゅんびでいそがしい。
③ あの女性は気品がそなわっている。
④ よびのタイヤを車に積む。
⑤ 父は来月、定年をむかえる。
⑥ そうげいバスに乗る。
⑦ 顔色をかえて、部屋を出て行った。
⑧ 朝から山本さんの様子がへんだ。

① ② ③ ④
⑤ ⑥ ⑦ ⑧

13章 旅行

旅行2
りょこう

Travel 2
旅行 2
Du lịch 2

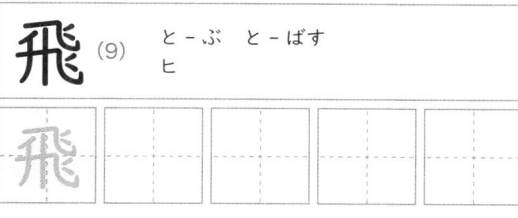

飛 (9) と-ぶ と-ばす
　　　　ヒ

登 (12) のぼ-る
　　　　トウ ト

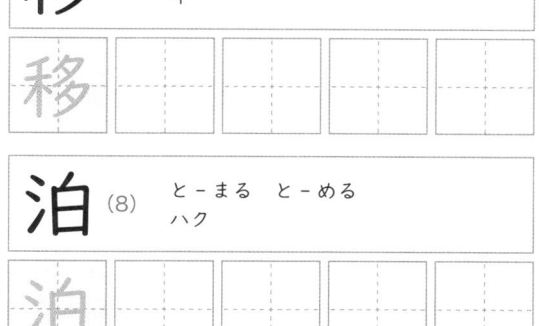

移 (11) うつ-る うつ-す
　　　　イ

泊 (8) と-まる と-める
　　　　ハク

◆ 漢字を読みましょう
　 かんじ　よ

① 鳥が大空を飛ぶ。
　とり おおぞら
② 飛行機のチケットを買う。
　　　　　　　　　　か
③ 結婚して2DKのアパートに移った。
　けっこん
④ どこかでかぜを移されたようだ。
⑤ オーストラリアに移住する。
⑥ 夏休みに富士山に登る。
　なつやす ふじさん
⑦ けわしい登山道を歩く。
　　　　　　　ある
⑧ 海辺のリゾートホテルに泊まる。
　うみべ
⑨ 友達を部屋に泊める。
　ともだち へや
⑩ 二泊三日の旅行をする。
　　　　　　りょこう

①　　　　　② 　　　　き ③　　　　　④　　　　　⑤

⑥　　　　　⑦　　　　　⑧　　　　　⑨　　　　　⑩

◆ 漢字を書きましょう
　 かんじ　か

① 紙ひこうきをとばす。
　かみ
② 子どもが車道へとびだした。
　こ　　　しゃどう
③ 空港まで車でいどうする。
　くうこう くるま
④ 病院でいしょく手術を受ける。
　びょういん　　しゅじゅつ
⑤ 店の場所を駅前にいてんする。
　みせ ばしょ えきまえ
⑥ 冬山とざんは危険だ。
　ふゆやま　　きけん
⑦ インターネットで会員とうろくする。
　　　　　　　　かいいん
⑧ しゅくはく客をロビーで迎える。
　　　　　きゃく　　　むか

①　　　　　②　　　　　③　　　　　④　　　　　植
　　　　　　　　　　　　　　　　　　　　　　　　しょく
⑤　　　　　⑥　　　　　⑦　　　　　⑧

ツアー

Tour
游览
Tour du lịch

団 (6)　ダン　トン

欧 (8)　オウ

程 (12)　ほど　テイ

州 (6)　す　シュウ

◆ 漢字を読みましょう

① あの宿は団体客の利用が多い。
② このチームは団結力が強い。
③ 地元の小さな楽団に入る。
④ 布団をしいて寝る。
⑤ 旅行の日程を決める。
⑥ 先程、田中さんから電話があったそうだ。
⑦ あのクラスは欧米の学生が多い。
⑧ 格安の欧州ツアーを予約する。
⑨ 今度の連休に九州を旅行する。
⑩ 三角州は川の河口近くにできる。

① ② ③ ④ ふ ⑤
⑥ ⑦ ⑧ ⑨ ⑩

◆ 漢字を書きましょう

① だんたい料金のほうが安い。
② 子どものころ、だんちに住んでいた。
③ 会議のにっていを決める。
④ 目的地まであと１時間ほどかかる。
⑤ 英語はあるていど理解できる。
⑥ 食のおうべいかが進んでいる。
⑦ 青森県はほんしゅうの一番北にある。
⑧ 田中さんはきゅうしゅう出身だ。

① ② ③ ④
⑤ ⑥ ⑦ ⑧

13章　旅行

観光 1

Sightseeing 1
观光 1
Thăm quan 1

| 観 (18) カン | 舟 (6) ふね ふな シュウ |
| 芸 (7) ゲイ | 演 (14) エン |

◆ 漢字を読みましょう

① 京都は観光地として有名だ。
② 主観的な意見を言う。
③ 多くの観客の前でコンサートを行う。
④ 小舟が岸にとまっている。
⑤ 旅館の夕食に舟もりが出た。
⑥ 園芸の技術を学び、家業をつぐ。
⑦ パリは芸術の都とよく言われる。
⑧ 芸能界に入って、活やくしたい。
⑨ 知事の演説を聞く。
⑩ ドラマの主役を演じる。

①　　　　②　　　　③　　　　④　　　　⑤
⑥　　　　⑦　じゅつ　⑧　　　　⑨　　　　⑩

◆ 漢字を書きましょう

① 人生かんがかわる。
② リビングでかんよう植物を育てる。
③ 家族と浅草をかんこうした。
④ 木のふねをこぐ。
⑤ ぶんげい作品を好んで読む。
⑥ でんとうげいのうを大切にする。
⑦ オペラのかいえん時間を待つ。
⑧ 全選手がえんぎを終えた。

①　　　　② 　葉よう　③　　　　④
⑤　　　　⑥ 統とう　⑦　　　　⑧ 技ぎ

とくべつな言葉……漁舟
　　　　　　　　ぎょしゅう

観光 2
かんこう

Sightseeing 2
观光 2
Thăm quan 2

仏 (4)	ほとけ
	ブツ

神 (9)	かみ　かん　こう
	シン　ジン

祭 (11)	まつ−る　まつ−り
	サイ

絵 (12)	カイ　エ

◆ 漢字を読みましょう
かんじ　よ

① 仏様にお供えをする。
② 仏心で彼に100万円貸した。
③ 日本一大きい大仏を見に行く。
④ 神の存在を信じる。
⑤ 神経質な性格を直したい。
⑥ 亡くなった人を祭る。
⑦ 夏祭りでかき氷を食べた。
⑧ あの店は祭日も営業している。
⑨ ロビーに絵画をかざる。
⑩ 駅前にある教室で油絵を習っている。

① ② ③ ④ ⑤
⑥ ⑦ ⑧ ⑨ ⑩

◆ 漢字を書きましょう
かんじ　か

① ねんぶつをとなえる。
② ぶっきょうは6世紀ごろ伝来した。
③ じんじゃに初もうでに行く。
④ ショックでしっしんした。
⑤ 大学のぶんかさいに行った。
⑥ 北海道のゆきまつりは人気がある。
⑦ 子どもにえほんを読み聞かせる。
⑧ 水性えのぐを使ってかく。

① ② ③ ④
⑤ ⑥ ⑦ ⑧

13章 復習

1. 漢字の読み方を書いてください。

① 九州は自然が豊かで、外国人にも人気がある。
② 決勝戦で負けてしまい、準優勝に終わった。
③ 家族から、神経質だと言われる。
④ 食の欧米化が進み、子どもが魚を食べなくなった。
⑤ 10名以上の場合、団体料金で入場できる。
⑥ いつかピカソの絵画を生で見てみたい。
⑦ ドラマのヒロイン役を演じることになった。
⑧ 毎年、家族と神社に初もうでに出かける。
⑨ 仏教の教えは6世紀ごろ日本に伝わった。
⑩ 小さい舟で川の向こう岸へわたる。

2. 漢字を書いてください。

① 友達を駅までむかえに行った。
② 浴衣を着て、地元のなつまつりに行く。
③ 旅行のにっていは、もう決まりましたか。
④ 地震にそなえてヘルメットを買っておく。
⑤ テレビ局の前で有名なげいのうじんを見かけた。
⑥ かんこうきゃくが年々少なくなっている。
⑦ わたり鳥のむれが南に向かってとんでいく。
⑧ 最近、彼女の様子がなんかへんだ。
⑨ にはくみっかの予定で、四国を車で旅行する。
⑩ バスよりもレンタカーでいどうしたほうが楽だ。

14章 家

Home
家
Nhà

室内 1
しつない

Room 1
室内 1
Trong phòng 1

押 (8) お－す お－さえる オウ

取 (8) と－る シュ

引 (4) ひ－く ひ－ける イン

消 (10) き－える け－す ショウ

◆ 漢字を読みましょう

① ボタンを押して、係の人を呼ぶ。
② しょうこ品を押収する。
③ きずぐちをハンカチで押さえた。
④ 高いところは、こしが引ける。
⑤ プロジェクトを強引に進める。
⑥ 投げたボールを取る。
⑦ 新聞の取材を受ける。
⑧ ろうそくの火が消える。
⑨ タバコの火を消す。
⑩ 消防車が10台出動した。

| ① | ② しゅう | ③ | ④ | ⑤ |
| ⑥ | ⑦ | ⑧ | ⑨ | ⑩ ぼう |

◆ 漢字を書きましょう

① 電車の中でせなかをおされた。
② 馬のたづなをひく。
③ タバコの火がガソリンにいんかした。
④ 銀行でお金をひきだす。
⑤ 有名な小説から一文をいんようした。
⑥ 忘年会の予約をとりけす。
⑦ けしゴムをゆかに落とした。
⑧ 天ぷらはしょうかに悪い。

| ① | ② | ③ | ④ |
| ⑤ | ⑥ | ⑦ | ⑧ |

14章 家

室内 2
しつない

Room 2
室内 2
Trong phòng 2

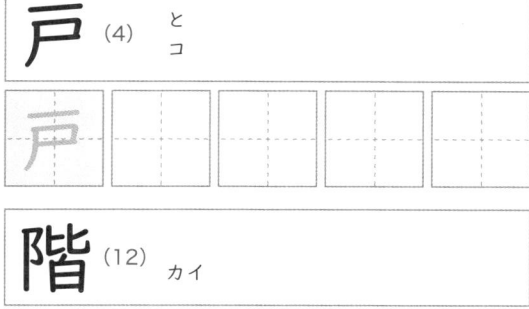

◆ 漢字を読みましょう

① 風で戸が閉まった。
② 食器を戸だなにしまう。
③ 外国に門戸を開く。
④ 窓を開けて空気を入れかえる。
⑤ 窓ガラスをきれいにふく。
⑥ 車窓からのながめは最高だった。
⑦ パソコン売り場は6階です。
⑧ ゆっくり階段を下りる。
⑨ 神社の石段を上る。
⑩ 目的のためには手段を選ばない。

①　　　　②　　　　③　　　　④　　　　⑤

⑥　　　　⑦　　　　⑧　　　　⑨　　　　⑩

◆ 漢字を書きましょう

① あみどがやぶれて、虫が入ってきた。
② いっこだてを建てる。
③ どうそうかいに出席する。
④ まどガラスが、われてしまった。
⑤ 銀行のまどぐちで手続きをする。
⑥ エレベーターが4かいにとまった。
⑦ たなの3だんめに書類を入れた。
⑧ だんかいを追って説明する。

① あみ　　　　② 　　　　建て　③　　　　④

⑤　　　　⑥ 4　　　　⑦ 3　　　　⑧

植物
しょくぶつ

Plants
植物
Thực vật

植 (12) う-わる　う-える　ショク

葉 (12) は　ヨウ

実 (8) みの-る　み　ジツ

根 (10) ね　コン

◆ 漢字を読みましょう

① 山に木を植える。
② ベランダで植物を育てる。
③ 移植手術を受ける。
④ いちょうの葉が黄色くなる。
⑤ 新しい言葉を覚える。
⑥ 落ち葉をほうきで集める。
⑦ うめの実をとって、うめ酒を作った。
⑧ 正月に実家に帰る。
⑨ 木を根元から切り倒す。
⑩ チューリップの球根を買った。

① ②　③ い　④ ⑤
⑥ ⑦ ⑧ ⑨ ⑩

◆ 漢字を書きましょう

① 畑にじゃがいもがうわっている。
② うえきに水をやる。
③ こうようを見に行く。
④ 努力がみを結ぶ。
⑤ 自分のじつりょくを試す。
⑥ 木のねを薬として飲む。
⑦ やねに積もった雪を下ろす。
⑧ 考え方がこんぽんからちがう。

① ② ③ 紅 ④
⑤ ⑥ ⑦ ⑧

14章 家

建築
けんちく

Architecture
建筑
Kiến trúc

建 (9) た-つ た-てる ケン コン

築 (16) きず-く チク

構 (14) かま-う かま-える コウ

造 (10) つく-る ゾウ

◆ 漢字を読みましょう

① 家の前にマンションが建つ。
② 新しく寺を建立する。
③ 川にていぼうを築く。
④ 新築マンションを買う。
⑤ 一等地に店を構える。
⑥ 機械の内部構造を知る。
⑦ この建物は大正時代に建てられた。
⑧ 巨大な船を造る。
⑨ 木造の家でくらしたい。
⑩ 造花のバラをかざる。

① ② ③ ④ ⑤
⑥ ⑦ ⑧ ⑨ ⑩

◆ 漢字を書きましょう

① 家のうらにアパートをたてる。
② 最新のけんちく様式を取り入れる。
③ ちく100年の旅館に泊まる。
④ 番組をこうせいする。
⑤ 駅のこうないにレストランができた。
⑥ 彼は身なりに全くかまわない人だ。
⑦ あの橋は歴史的けんぞうぶつだ。
⑧ ぞうせんぎょうで有名な町で育った。

① ② ③ ④
⑤ ⑥ ⑦ ⑧

室内3
しつない

Room 3
室内 3
Trong phòng 3

設 (11)	もう-ける セツ

柱 (9)	はしら チュウ

庫 (10)	コ ク

向 (6)	む-く む-ける む-かう む-こう コウ

◆ 漢字を読みましょう

① 新しいルールを設ける。
② 建設会社で働く。
③ パソコンのメールを設定する。
④ 太い柱が家を支えている。
⑤ 電柱に車がぶつかった。
⑥ 金庫に現金を入れる。
⑦ 彼女は下を向いたまま、だまっていた。
⑧ 急いでイベント会場へ向かう。
⑨ 通りの向こうに人が集まっている。
⑩ 船は北へ方向を変えた。

◆ 漢字を書きましょう

① リゾートホテルをせっけいする。
② 会社をせつりつする。
③ ダムをけんせつする。
④ 彼はチームのだいこくばしらだ。
⑤ しゃこにバイクを止める。
⑥ サービス業は自分にむいている。
⑦ 大会にむけて練習する。
⑧ 彼はこうじょうしんがある。

とくべつな言葉……庫裏(くり)

14章 復習

1. 漢字の読み方を書いてください。

① 使わない部屋の電気は消すようにしている。　①
② チームの大黒柱だった選手がけがで引退した。　②
③ 駅から近い新築のマンションに引っこした。　③
④ 古い木造のアパートに住んでいる。　④
⑤ 駅のホームで押されて、転びそうになった。　⑤
⑥ テストでは自分の実力が試される。　⑥
⑦ やっと一戸建てのマイホームを買うことができた。　⑦
⑧ 50キロもある金庫がぬすまれた。　⑧
⑨ 緑をふやすために、山に多くの木を植えた。　⑨
⑩ この寺は100年前に建立された。　⑩

2. 漢字を書いてください。

① 11月の連休にこうようを見に行きたい。　① 紅
② 彼は自分の店をかまえるのが夢だ。　②
③ 雨もりがひどいので、やねをしゅうりした。　③
④ かいだんから落ちて、足をねんざした。　④
⑤ 駅前のビルをせっけいすることになった。　⑤
⑥ インフルエンザにかかって、旅行の予約をとりけした。　⑥
⑦ 上をむいたら、ベランダから彼が手をふっていた。　⑦
⑧ ちく100年になる有名な旅館に泊まった。　⑧
⑨ 子どもが近所の家のまどガラスをわってしまった。　⑨
⑩ ごういんなやり方では何事もうまくいかないだろう。　⑩

13・14章 アチーブメントテスト

【1】次の文の下線をつけた言葉の読み方を①〜④の中から選び、番号を書いてください。

1. 新婚旅行の日程を旅行会社と相談した。
   ① にてい　　② ひてい　　③ にってい　　④ ひってい

2. 今度の祭日はドライブに行く予定だ。
   ① ざいじつ　　② さいじつ　　③ さいにち　　④ ざいにち

3. あの寺は100年以上前に建立された。
   ① けんりつ　　② けんりゅう　　③ こんりつ　　④ こんりゅう

4. 北海道にある実家には、年に一度しか帰らない。
   ① じついえ　　② じつか　　③ じっか　　④ じっけ

5. 送迎バスに乗ってホテルまで向かった。
   ① そげい　　② そうげ　　③ そうけい　　④ そうげい

1.	2.	3.	4.	5.

【2】次の文の下線をつけた言葉の漢字を①〜④の中から選び、番号を書いてください。

1. インターネットで会員とうろくすることができる。
   ① 登録　　② 戸録　　③ 登緑　　④ 戸緑

2. 父とは考えがこんぽんからちがう。
   ① 根元　　② 植元　　③ 根本　　④ 植本

3. 有名な映画のセリフをいんようする。
   ① 院用　　② 引用　　③ 引要　　④ 院要

4. 駅前の一等地に自分の店をかまえることができた。
   ① 変える　　② 備える　　③ 構える　　④ 迎える

5. さんぱく四日で北海道を旅行した。
   ① 三百　　② 三泊　　③ 三白　　④ 三活

1.	2.	3.	4.	5.

【3】①〜⑳の下線部の漢字または読み方を書いてください。

マイホーム

　結婚して３年、ついにマイホームを買うことを決めた。今住んでいるのは①２階建てのせまいアパートだが、近いうちに新しい家に②うつりたいと考えている。そこで、先週の日曜日、夫と気になる家を見に行った。

　まず行ったのは、③新築の大型マンション。地震に強い④こうぞうが売りになっていて、万一に⑤そなえ地下に水や食べ物の保管スペースがある。また、マンション内の全ての⑥かいだんに手すりが付いていて、さらにエレベーターの⑦戸もゆっくり開閉するなど、住民の安全がよく考えられている。そして、マンションから駅まで続く道には、たくさんの木や花が⑧植えられ、春にはさくら、秋には⑨こうようが楽しめるのもいい。こんなマンションだったら安心して子育てができそうだ。

　次の家は⑩みなみむきの⑪一戸建て。町の高台にあり、部屋の大きな⑫まどからは町全体を見わたすことができる。家の近くには学問の⑬神様で有名な⑭じんじゃがあり、⑮なつまつりのときは多くの⑯観光客でにぎわうのだと聞いた。また、歩いて５分ぐらいのところに有名な⑰けんちくかが⑱せっけいした美術館もある。私は⑲えをかくのがしゅみなので、こちらの家に住むのもいいなと思う。

　マンションか一戸建てか、どちらにするかまよってしまうけれど、３月末には新しい家に引っこす予定なので今から少しずつ⑳じゅんびしなければ…。

①	②	③	④
⑤	⑥	⑦	⑧
⑨ 紅 _{こう}	⑩	⑪	⑫
⑬	⑭	⑮	⑯
⑰	⑱	⑲	⑳

13・14章 クイズ

【1】□の中にあてはまる漢字を▭の中から選んで書いてください。

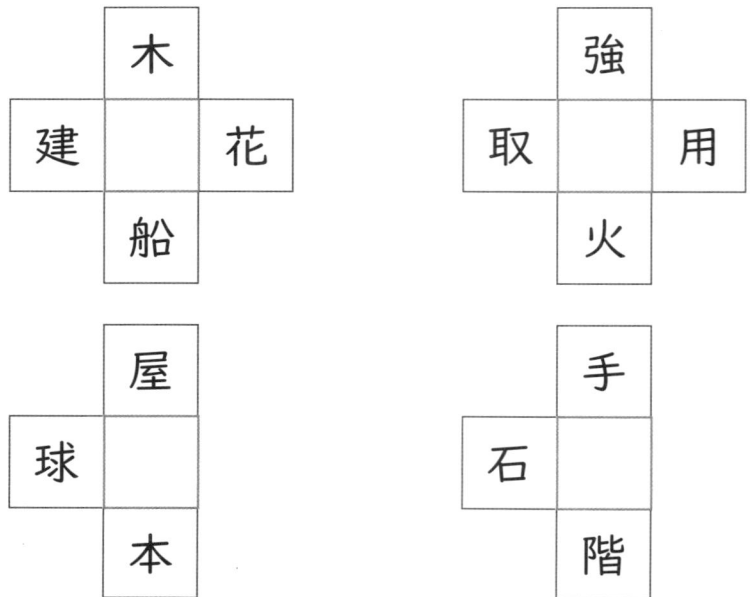

| 消　引　造　構　根　窓　段　建 |

【2】（　）の中にカタカナの読み方をする漢字を書いてください。

1. オウ　① 1900年代の（　　　）米の歴史について調べている。

　　　　② はん人の家からしょうこ品を（　　　）収した。

2. カイ　① 母は毎週、駅前の（　　　）画教室に通っている。

　　　　② けんこうのために毎日（　　　）段を使うようにしている。

3. ゲイ　① 最近、園（　　　）をしゅみにする若い人がふえてきた。

　　　　② 駅までの送（　　　）サービスは旅行客にとってありがたいものだ。

13・14章 クイズ

【3】下の旅行パンフレットを見て、漢字の読み方を書いてください。

今だけ!!
①欧州 6日間
198,000 円
2／1（月）～2／28（日）

～新婚旅行や社員旅行としても人気～

■ 10名以上の場合、②団体料金でさらに安くなります！
■ ③観光客が少ないオフシーズンだからこそチャンス！
■ ④芸術の都、パリをはじめローマ、ロンドンをめぐります！

今だけのスペシャルサービス
1）くうこう―ホテル間はバスの⑤送迎あり
2）⑥移動はごうかなリムジンバス
3）オペラチケットプレゼント（⑦開演時間 19：00）
4）ウェルカムドリンクのサービス

＜注意＞
・このツアーは⑧日程や時間の変こうはできません。
・⑨飛行機の便や⑩宿泊するホテルのランクによって
　料金が⑪変わる場合があります。
・ご予約後１週間以内にご入金がない場合、予約を
　⑫取り消す場合があります。

くわしくはツアーデスクまでお問い合わせください。

①	②	③	④
⑤	⑥	⑦	⑧
⑨	⑩	⑪	⑫

15章 仕事

Job
工作
Công việc

求職 きゅうしょく

Job Hunting
求职
Tìm việc

仕 (5) つか-える / シ ジ

職 (18) ショク

求 (7) もと-める / キュウ

探 (11) さぐ-る さが-す / タン

◆ 漢字を読みましょう

① 王様に仕える。
② 今さらあわてても仕方がない。
③ 力仕事のアルバイトは時給がいい。
④ 会長の職につく。
⑤ 今年大学を卒業して、就職した。
⑥ 近所の人に助けを求めた。
⑦ 無理な要求を受け入れる。
⑧ 前の仕事を辞めて、今は求職中だ。
⑨ 小ぜにがないか、ポケットを探る。
⑩ ゆびわをなくして部屋中探した。

⑤ しゅう

◆ 漢字を書きましょう

① 親からしおくりをもらう。
② まだしごとがたくさん残っている。
③ あこがれのしょくぎょうにつく。
④ 面接でてんしょくの理由を聞かれた。
⑤ この会社は経験者をもとめている。
⑥ きゅうじん情報を見て、電話する。
⑦ さがしものが見つかる。
⑧ ジャングルをたんけんする。

とくべつな言葉……給仕 きゅうじ

15章 仕事

マナー

Manners
礼仪
Quy tắc ứng xử

◆ 漢字を読みましょう

① 彼女は常に笑顔をたやさない。
② ハワイは常夏の島だ。
③ 年末年始も通常通りえい業する。
④ 彼は世間知らずで、常識がない。
⑤ 彼は無意識にびんぼうゆすりをする。
⑥ 火事で家を失ってしまった。
⑦ 会社が倒さんし、失業した。
⑧ 面接試験で失敗してしまった。
⑨ 山田さんにお礼のおかしを送った。
⑩ 彼は礼儀正しく、まじめな学生だ。

① ② ③ ④ ⑤

⑥ ⑦ ⑧ ぱい ⑨ ⑩ ぎ

◆ 漢字を書きましょう

① 彼女はつねにいそがしそうだ。
② にちじょう生活を忘れて、ゆっくりする。
③ ビジネス書でちしきを深める。
④ 1時間後にいしきを取りもどした。
⑤ 書類をなくして、信用をうしなった。
⑥ 約束を守らない彼にしつぼうした。
⑦ しき金・れいきんをはらう。
⑧ お先にしつれいします。

① ② ③ ④

⑤ ⑥ ⑦ ⑧

とくべつな言葉…… 礼賛
            らいさん

仕事 1
しごと

Job 1
工作 1
Công việc 1

労 (7) ロウ

官 (8) カン

員 (10) イン

局 (7) キョク

◆ 漢字を読みましょう

① 彼女は若いころから苦労している。
② ひ労がたまって倒れてしまった。
③ 社員食堂で昼食をとる。
④ 店員に声をかける。
⑤ ジムの会員になり、毎日通っている。
⑥ 親友の田中君は警察官になった。
⑦ 検査で消化器官にがんが見つかった。
⑧ 官民一体となって新薬開発に取り組む。
⑨ 郵便局へ手紙を出しにいく。
⑩ 今日は局地的に大雨になるそうだ。

① ② ③ ④ ⑤
⑥ けいさつ ⑦ ⑧ みん ⑨ ゆう ⑩

◆ 漢字を書きましょう

① ろうどうじょうけんをよく調べる。
② しんろうが重なり、体調をくずす。
③ 家族ぜんいんで出かける。
④ コンサート会場はまんいんだ。
⑤ きっぷの買い方をえきいんにたずねた。
⑥ 私の夢はがいこうかんになることだ。
⑦ いろいろ努力したがけっきょくだめだった。
⑧ やっきょくでかぜ薬を買う。

① ② ③ ④ 満まん
⑤ ⑥ ⑦ ⑧

15章　仕事

仕事２

Job 2
工作 2
Công việc 2

◆ 漢字を読みましょう

① 来月会社を辞めることになった。
② 辞書を使って意味を調べる。
③ 家業をつぐため、内定を辞退した。
④ 体調をくずして社長職を退いた。
⑤ 退屈なときはいつも本を読む。
⑥ 経済的な理由で高校を退学した。
⑦ 雪が積もって、真っ白になる。
⑧ 日本の会社で経験を積みたい。
⑨ 会議で積極的に発言する。
⑩ 土地の面積を計算する。

①　　　　　②　　　　　③　　　　　④　　　　　⑤　　　くつな
⑥　　　　　⑦　　　　　⑧　　　　　⑨　きょく　⑩

◆ 漢字を書きましょう

① 漢和じてんで漢字を調べる。
② せき任をとってじしょくする。
③ 無理な要求をしりぞける。
④ けがをしてスター選手がいんたいした。
⑤ 今月いっぱいでたいしょくする。
⑥ たなに商品が高くつんである。
⑦ トラックに荷物をつむ。
⑧ 仕事がやまづみで、まだ帰れない。

①　　典　②　　　　③　　　　④
　　　てん
⑤　　　　⑥　　　　⑦　　　　⑧

給料
きゅうりょう

Salary
工资
Lương

| 給 (12) キュウ |
| 支 (4) ささ-える シ |
| 収 (4) おさ-まる おさ-める シュウ |
| 厚 (9) あつ-い コウ |

◆ 漢字を読みましょう

① 給料日に欲しかった服を買った。
② 時給 2,000 円のアルバイトを見つけた。
③ うつくしいけしきを写真に収める。
④ 注文の品をそう庫に収めた。
⑤ 好きなアニメのグッズを収集している。
⑥ このシャツは汗をよく吸収する。
⑦ 父が病気なので私が家族を支えている。
⑧ 兄はホテルの支はい人をしている。
⑨ 食パンを厚く切ってトーストにした。
⑩ 彼は温厚な性格でみなに好かれている。

◆ 漢字を書きましょう

① しょにんきゅうで母にプレゼントをする。
② じきゅうじそくの生活をする。
③ このカメラはポケットにおさまる。
④ 去年よりしゅうにゅうがふえた。
⑤ 彼の意見をしじする。
⑥ 1年間のしゅうしを計算する。
⑦ 子どもが生まれてししゅつがふえた。
⑧ この本はあつくてかばんに入らない。

15章 復習

1. 漢字の読み方を書いてください。

① 今さらあわてても仕方がないから、ゆっくりやろう。
② 彼女は外交官になり、世界各国を飛び回っている。
③ 半年間勉強して、日常会話ならできるようになった。
④ 大学で経済のせん門的な知識を学ぶ。
⑤ いつもは温厚な彼が怒りだして、びっくりした。
⑥ 父は一家を支えるために働いている。
⑦ 来月、小川社長が社長職を退くそうだ。
⑧ アルバイトの求人広告を見て、おうぼをする。
⑨ 山の上に雪が積もって白くなっている。
⑩ 彼はときどき相手に失礼なことを言う。

2. 漢字を書いてください。

① 男の子がなりたいしょくぎょうの一位はスポーツ選手だ。
② デパートのてんいんに白いコートをすすめられた。
③ いくらさがしても、かぎが見つからなかった。
④ 新しい電子じしょを買うことにした。
⑤ このタオルは水をよくきゅうしゅうする。
⑥ この作品を作るのにとてもくろうした。
⑦ とつぜん、女の人が気をうしなって倒れた。
⑧ がんばって働いたので、じきゅうが少し上がった。
⑨ 私の姉はテレビきょくで働いている。
⑩ 卒業式で先生におれいを言った。

16章 会議

会議 1

Meeting 1
会议 1
Cuộc họp, hội nghị 1

議 (20) ギ

賛 (15) サン

反 (4) そーる そーらす ハン ホン タン

対 (7) タイ ツイ

◆ 漢字を読みましょう

① 会議に出席する。
② 議事録を作成する。
③ 係長の意見に賛成する。
④ まわりの賛同をえる。
⑤ いすに反り返って座る。
⑥ 自分の行いを反省する。
⑦ 交通違反をして、お金をはらう。
⑧ 親が子どもの結婚に反対する。
⑨ 絶対に今年は合格したい。
⑩ このこま犬は左右で対になっている。

① ② ③ ④ ⑤
⑥ せい ⑦ い ⑧ ⑨ ぜっ ⑩

◆ 漢字を書きましょう

① 月に一度、かいぎを行う。
② このぎだいについて話し合いましょう。
③ 自分で作った料理をじがじさんした。
④ さんせい意見のほうが多かった。
⑤ 雨にぬれて本の表紙がそってしまった。
⑥ むねをそらしてストレッチをする。
⑦ 彼と意見がたいりつする。
⑧ サッカーの日本たいブラジル戦を見る。

① ② ③ ④
⑤ ⑥ ⑦ ⑧

とくべつな言葉……謀反、反物

16章 会議

会議 2
かいぎ

Meeting 2
会议 2
Cuộc họp, hội nghị 2

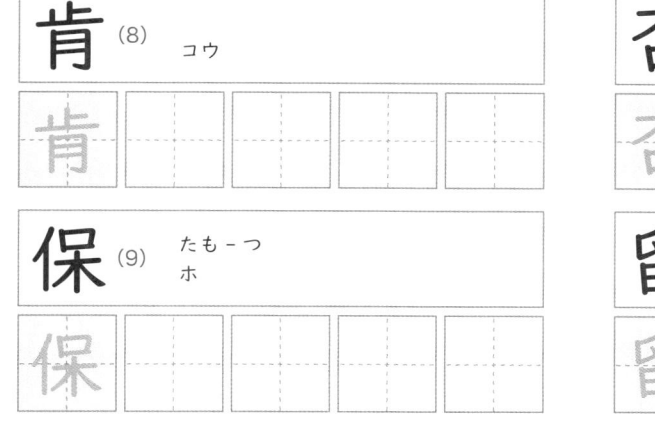

◆ 漢字を読みましょう
かんじ　よ

① 肯定的な考え方をする。
② 話を聞くや否や、家を飛び出した。
③ 広まっているうわさを否定する。
④ 出席者に賛否を問う。
⑤ 室温を同じ温度に保つ。
⑥ 牛乳を冷ぞう庫で保存する。
⑦ 紙が厚くてマグネットで留まらない。
⑧ 大切な書類を書留で送る。
⑨ 問題を保留にする。
⑩ 社長はただ今、留守にしております。

①　　　②　　　③　　　④　　　⑤

⑥　　　⑦　　　⑧　　　⑨　　　⑩

◆ 漢字を書きましょう
かんじ　か

① こうていがわに立って意見をのべる。
② 試験のごうひは来週になるとわかる。
③ 母は若さをたもつ努力をしている。
④ ほいくえんに子どもをあずける。
⑤ 小さな記事に目をとめる。
⑥ けんこうにりゅういする。
⑦ 仕事をやめてパリにりゅうがくしたい。
⑧ るすばん電話にメッセージを残す。

①　　　②　　　③　　　④

⑤　　　⑥　　　⑦　　　⑧

会議3
かいぎ

Meeting 3
会议 3
Cuộc họp, hội nghị 3

判 (7)	ハン　バン
確 (15)	たし－かめる　たし－か カク
断 (11)	た－つ　ことわ－る ダン
認 (14)	みと－める ニン

◆ 漢字を読みましょう

① 有ざいの判決を受けた。
② 合否を判定する。
③ ここは味がいいと評判の店だ。
④ 医者にお酒を断つように言われた。
⑤ 彼が無実だと断定するのはまだ早い。
⑥ 書類に不備がないかどうかを確かめる。
⑦ 確か、資料はこの中にしまったはずだ。
⑧ 今日の降水確率は50％だそうだ。
⑨ 社長が努力を認めてくれた。
⑩ 社会人としての認識が不足している。

③ ひょう

◆ 漢字を書きましょう

① 人を外見ではんだんしてはいけない。
② 友達のさそいをことわった。
③ 強風で電線がせつだんされた。
④ 出かける前に火の元をたしかめる。
⑤ 荷物はたしかに受け取りました。
⑥ データがせいかくか、もう一度見直す。
⑦ 彼はだれもがみとめる天才だ。
⑧ 月末に在庫をかくにんする。

会議 4

Meeting 4
会议 4
Cuộc họp, hội nghị 4

報 (12) むく-いる ホウ

告 (7) つ-げる コク

連 (10) つら-なる つら-ねる つ-れる レン

絡 (12) から-まる から-める から-む ラク

◆ 漢字を読みましょう

① 両親のおんに報いるために努力する。
② プレゼンのための情報を集める。
③ 医者がかん者に病名を告げる。
④ 友人にメールで結婚を報告する。
⑤ 車が何台も連なっている。
⑥ 部長が部下を連れて飲みに行く。
⑦ かぜで3日間連続して休んでしまった。
⑧ コードがぐちゃぐちゃに絡まっている。
⑨ 酔った客が駅員に絡んでいるようだ。
⑩ ここは山の中なので連絡手段がない。

①　　　　　　②　　　　　　③　　　　　　④　　　　　　⑤

⑥　　　　　　⑦　　　　　　⑧　　　　　　⑨　　　　　　⑩

◆ 漢字を書きましょう

① テレビで地震のそくほうが流れた。
② 毎日、天気よほうをチェックしている。
③ 会社の受付で名前をつげる。
④ 父はこうこく代理店で働いている。
⑤ リストに名をつらねる。
⑥ れんきゅうに家族と旅行する。
⑦ パスタにトマトソースをからめる。
⑧ 会議の時間をメールでれんらくする。

①　　　　　　②　　　　　　③　　　　　　④

⑤　　　　　　⑥　　　　　　⑦　　　　　　⑧

会議 5
かいぎ

Meeting 5
会议 5
Cuộc họp, hội nghị 5

相 (9)	あい ソウ ショウ

談 (15)	ダン

指 (9)	さ-す ゆび シ

示 (5)	しめ-す ジ シ

◆ 漢字を読みましょう
かんじ よ

① 相手にわかるようにゆっくり話す。
② 彼は上しと相性が悪いようだ。
③ 事けんの真相はまだわからない。
④ 首相が記者会見を行う。
⑤ 冗談を言って人を笑わせる。
⑥ 親指にとげがささってしまった。
⑦ 先生が学生を指して答えを求める。
⑧ 時間通りに指定された場所へ行く。
⑨ 数字を示して説明する。
⑩ きっと合格するという暗示をかける。

①	②	③	④	⑤ じょう
⑥	⑦	⑧	⑨	⑩

◆ 漢字を書きましょう
かんじ か

① 子どもの話しあいてになる。
② あの二人はそうしそうあいの仲だ。
③ しょうだんがうまくまとまった。
④ 部下のそうだんに乗る。
⑤ がいしょうかいだんが行われる。
⑥ 社長のしじにしたがって行動する。
⑦ 時計のはりが12時をさしている。
⑧ データをグラフでしめして説明する。

①	②	③ 商 しょう	④
⑤	⑥	⑦	⑧

とくべつな言葉…… 示唆
しさ

16章 復習

1. 漢字の読み方を書いてください。

① 知り合いにお金を貸してほしいとたのまれたが、<u>断った</u>。　①
② 男は自転車をぬすんだことをあっさりと<u>認めた</u>。　②
③ 病院の受付で名前を<u>告げた</u>。　③
④ <u>絡まった糸</u>がなかなかほどけず、イライラした。　④
⑤ むねを<u>反らせて</u>ストレッチをした。　⑤
⑥ 部屋の温度を<u>一定</u>に<u>保って</u>ください。　⑥
⑦ 新しい市立病院の建設について、<u>賛否</u>を<u>問う</u>。　⑦
⑧ <u>常</u>に相手のことを考えて、発言するようにしている。　⑧
⑨ 部長の<u>指示</u>で、新しい仕事に取りかかった。　⑨
⑩ 月に1回、社内会議を<u>行う</u>。　⑩

2. 漢字を書いてください。

① 留学することを親も<u>さんせい</u>してくれている。　①
② 気持ちとは<u>はんたい</u>のことを言ってしまうのはなぜだろう。　②
③ 仕事でミスをしたら、すぐに<u>ほうこく</u>するべきだ。　③
④ 彼は社内に流れているうわさを<u>ひてい</u>した。　④
⑤ この問題は、とりあえず<u>ほりゅう</u>にしましょう。　⑤
⑥ 会社のトップには、冷静な<u>はんだんりょく</u>が必要だ。　⑥
⑦ 明日の約束の時間をメールで<u>かくにん</u>する。　⑦
⑧ かぜで3日<u>れんぞく</u>会社を休んでしまった。　⑧
⑨ 取引先に新入社員を<u>つれ</u>ていった。　⑨
⑩ 今後のことについて、<u>せん</u>ぱいに<u>そうだん</u>する。　⑩

15・16章 アチーブメントテスト

【1】次の文の下線をつけた言葉の読み方を①～④の中から選び、番号を書いてください。

1. 体のことを考えて、先月からからたばこ<u>と</u>お酒を<u>断って</u>いる。
   ①ことわって　　②たって　　③ちかって　　④やって

2. 彼は毎日ちこくをしていたので、アルバイトを<u>辞めさせられて</u>しまった。
   ①やめさせられて　②あきらめさせられて　③とめさせられて　④じめさせられて

3. 彼はとうとう今年で会長の職を<u>退く</u>ことになった。
   ①ひく　　②のぞく　　③しぞく　　④しりぞく

4. エアコンをちょうせつして、部屋の温度を<u>保つ</u>。
   ①たもつ　　②ほつ　　③もつ　　④もたつ

5. このグラフは女性の晩婚化が進んでいることを<u>示して</u>いる。
   ①しるして　　②しじして　　③しめして　　④しさして

1.	2.	3.	4.	5.

【2】次の文の下線をつけた言葉の漢字を①～④の中から選び、番号を書いてください。

1. サインを<u>もとめて</u>、おおぜいのファンが選手のまわりに集まった。
   ①必めて　　②求めて　　③探めて　　④欲めて

2. たくさん荷物を<u>つんだ</u>トラックが前を走っている。
   ①重んだ　　②結んだ　　③積んだ　　④着んだ

3. このカメラは小さいかばんにも<u>おさまる</u>。
   ①任まる　　②収まる　　③治まる　　④効まる

4. 駅の係員が酔っぱらった男に<u>からまれた</u>。
   ①絡まれた　　②空まれた　　③連まれた　　④怒まれた

5. <u>首相</u>が事けんに関するコメントを発表した。
   ①しゅうしょう　②しゅしょう　③しゅしゅう　④しょしゅう

1.	2.	3.	4.	5.

15・16章　アチーブメントテスト

【3】①〜⑳の下線部の漢字または読み方を書いてください。

ぼくは新入社員

入社してから半年がたって、少しずつ①しごとにもなれてきた。とは言っても、まだまだ失ぱいすることも多い。不注意で小さなミスをすることはよくあるし、この間は②苦労して作った大事な書類を電車の中に忘れて、③えきいんにききながら夜遅くまで④さがし回った。重要なことを上しに⑤確認しないで、自分で勝手に⑥判断して失ぱいすることもある。昨日は取引先の⑦あいてに⑧失礼なことを言って、後で係長に「君は⑨常識がない」と怒られてしまった。

えい業⑩しょくは、「自分には向いていないのかな。⑪辞めてしまおうか」と思うこともある。でも、このしごとを始めて半年。まだまだこれからだ。今はミスをしないように、上しの⑫指示がわからないときはきちんと⑬たしかめたり、まよったら、すぐに上しに⑭そうだんしたりするようにしよう。そして、⑮常に「笑顔」でいることを心がけたい。

今日は⑯会議の後、係長に飲みに⑰つれて行ってもらった。係長にはいつも怒られてばかりだが、今日は優しくはげまされ、またやる気が出てきた。明日は⑱給料日。もっとしごとの⑲ちしきを深めるために、ビジネス書を買おうと思っている。そしていつか、係長に⑳認めてもらえるようにがんばりたい。

①	②	③	④
⑤	⑥	⑦	⑧
⑨	⑩	⑪	⑫
⑬	⑭	⑮	⑯
⑰	⑱	⑲	⑳

15・16章 クイズ

【1】下線の漢字にはまちがいがあります。例のように正しい漢字に直してください。

（例）会義までにこの*し*料をコピーしておいてください。　⇒　会 | 議 |

1. 私の友だちは転識するかどうか、毎日悩んでいるそうだ。　⇒　転 | 　 |

2. 他の人の意見も聞いた上で半断する。　⇒　| 　 | 断

3. あの作家は文学賞の受賞を辞根したそうだ。　⇒　辞 | 　 |

4. 空一面が熱い雲におおわれている。　⇒　| 　 | い

5. 彼女とは性絡がにていて、とても気が合う。　⇒　性 | 　 |

【2】次のような場合、何と言いますか。□の漢字を＿＿に入れて言葉をかん成させてください。

1. 必要な情報を知らせる。　・・・・・・・・・・　＿＿絡する

2. セミナーの内容をまとめて上しに出す。　・・・・・・　＿＿告する

3. どうしていいかわからなくて、先生の意見を聞く。　・・・・・　相＿＿する

4. 今は決めないで、またべつの日に考えよう。　・・・・・　保＿＿にする

5. 会社が倒さんして、仕事がなくなってしまう。　・・・・・・　＿＿業する

6. 留学することになったので、仕事をやめる。　・・・・・・　＿＿職する

7. 在庫の数が合っているかどうか、もう一度数える。　・・・・・　＿＿認する

失 ・ 確 ・ 退 ・ 談 ・ 報 ・ 連 ・ 留

15・16章　クイズ

【3】下線の漢字の読み方を書いてください。

≪①求人 ②広告≫

すきやき銀座館　アルバイト ③店員ぼ集！

<場所>　　　　銀座三丁目
<時間・曜日>　18:00～22:00
　　　　　　　週3～4日　※曜日は④相談の上、決定します。
<⑤時給>　　　1,000円～　※交通費⑥支給
<⑦仕事内よう>　お客様の注文をとったり、お料理を出したりする接客が中心です。接客が初めての方にもていねいに教えます！明るい方、人と話すのが好きな方、いっしょに働きませんか。くわしくは、下記番号までお電話ください。
<⑧連絡先>　　03-53○○-△△××　担当：ヒグチ

①	②	③	④
⑤	⑥	⑦	⑧

【4】（　）に入る言葉を □ から選んでください。

大学生相談室

Q：私は今大学3年生です。これからしゅうしょく（　　　）を始めようと思っていますが、何をしたらいいか不安です。今できることを教えてください。

A：まずは一般（　　　）やニュースなどの（　　　）、ビジネスマナーなどの（　　　）を身につけるようにしてください。新聞やインターネットなどを使うといいでしょう。社会人の先ぱいの話を聞いたり、（　　　）に乗ってもらうのもいいですね。

Q：先日、ある会社から内定をもらいましたが、父が「一流の会社ではないからだめだ。」と、この会社に入ることに（　　　）しています。どうしたらいいでしょうか。

A：まずは、あなたが入りたい会社がどんな会社か、お父様に説明する必要がありますね。その会社で働くのはあなたですから、なぜそこを選んだのか話して、お父様に（　　　）してもらえるように、ぜひがんばってください。

賛成・相談・情報・活動・知識・反対・常識

17章 会社

かいしゃ

Company
公司
Công ty

経えい者
けい　　しゃ

Manager
经营者
Doanh nhân

最 (12)	もっと－も サイ

最				

副 (11)	フク

副				

管 (14)	くだ カン

管				

者 (8)	もの シャ

者				

◆ 漢字を読みましょう

① カスピ海は世界最大の湖だ。
② この道が駅までの最短のコースだ。
③ この会社の副社長は社長の弟だ。
④ 賞じょうと副賞の記念品をもらった。
⑤ 地震で水道管がはれつした。
⑥ 管理職の試験に合格した。
⑦ 鼻に管を通してさんそを送る。
⑧ 田中さんはクラスの人気者だ。
⑨ 経えい者は判断力と行動力が必要だ。
⑩ 社長が記者のインタビューを受けた。

①	②	③	④	⑤
⑥	⑦	⑧	⑨	⑩

◆ 漢字を書きましょう

① 東京は日本でもっとも人口が多い。
② さいごに会社を出た人は山田さんだ。
③ さいきんの経済のニュースを調べる。
④ 今日は今年のさいこう気温を記録した。
⑤ かぜ薬のふくさようでねむくなった。
⑥ 重要書類はかぎをかけてほかんする。
⑦ 原宿には多くのわかものが集まる。
⑧ このさくしゃのアニメは人気がある。

①	②	③	④
⑤	⑥	⑦	⑧

17章　会社

世代
せだい

Generation
一代
Thế hệ

現 (11)	あらわ－れる　あらわ－す　ゲン

旧 (5)	キュウ

昔 (8)	むかし　セキ　シャク

次 (6)	つ－ぐ　つぎ　ジ　シ

◆ 漢字を読みましょう

① 彼は入社後すぐえい業の才能を現した。
② 1週間でダイエットの効果が現れた。
③ 夢を実現させて社長になった。
④ 田村さんの旧姓は田中だ。
⑤ この家は100年続く旧家だ。
⑥ そふからこの地方の昔話を聞いた。
⑦ 次回の会議は来週の金曜日だ。
⑧ 私は英語に次いで数学がとく意だ。
⑨ 会社にもどり次第連絡してください。
⑩ 席次表を見て座ってください。

①　　②　　③　　④　　⑤

⑥　　⑦　　⑧　　⑨　　⑩

◆ 漢字を書きましょう

① 彼は約束の時間にあらわれた。
② げんじつてきな計画を立てた。
③ げんざいの社会問題について話し合う。
④ 手の動きで鳥をひょうげんする。
⑤ 久しぶりにきゅうゆうと再会した。
⑥ きゅうしょうがつには国へ帰りたい。
⑦ むかしこの辺りは畑だったそうだ。
⑧ つぎのプレゼン発表者は中山さんだ。

①　　②　　③　　④

⑤　　⑥　　⑦　　⑧

とくべつな言葉…… 昔日、今昔
せきじつ　こんじゃく

143

予算
よさん

Budget
预算
Ngân sách

費 (12) つい-える　つい-やす　ヒ

算 (14) サン

供 (8) そな-える　とも　キョウ　ク

税 (12) ゼイ

◆ 漢字を読みましょう

① 病気で入院して貯金が費えた。
② 親に学費を送ってもらった。
③ 生活のために食費をせつやくする。
④ パーティーの会費をはらう。
⑤ 大学院で消費者行動を研究する。
⑥ 算数オリンピックで入賞した。
⑦ 社長のお供で京都へ行った。
⑧ 安定した食料の供給を目指す。
⑨ このガムは消費税を入れて440円だ。
⑩ 税関で荷物を調べられた。

◆ 漢字を書きましょう

① ダム建設に長い年月をついやした。
② 留学するひようを少しずつ貯める。
③ 来年度のよさんが決まった。
④ 彼は速く正かくにけいさんできる。
⑤ おはかに花をそなえる。
⑥ 質の高いサービスをていきょうする。
⑦ ぜいきんは有効に使われるべきだ。
⑧ このお酒はかんぜいがかかっている。

⑥ てい

とくべつな言葉…… 供養、子供

17章　会社

工場
こうじょう

Factory
工厂
Nhà máy

機 (16) はた / キ	械 (11) カイ
危 (6) あや-ぶむ　あや-うい　あぶ-ない / キ	険 (11) けわ-しい / ケン

◆ 漢字を読みましょう

① 新しい機械で車の部品を作る。
② 機会があったらまた会いましょう。
③ 東京は交通機関が発達している。
④ となりの部屋から機をおる音がする。
⑤ 道がせまい上に交通量が多く危ない。
⑥ 危うく階段から落ちるところだった。
⑦ お客がへって経えいが危ぶまれる。
⑧ パンダはぜつめつの危機にある。
⑨ SNSは、はんざいの危険性がある。
⑩ 険しい山道を登る。

① 　　　② 　　　③ 　　　④ 　　　⑤
⑥ 　　　⑦ 　　　⑧ 　　　⑨ 　　　⑩

◆ 漢字を書きましょう

① きかいかが進んで働く人がへった。
② 最近のスマホはきのうが多すぎる。
③ 入社のどうきをたずねられた。
④ はさみを持って走ったらあぶない。
⑤ この成績ではN1合格はあやうい。
⑥ きけんな運転で事こを起こす。
⑦ けわしい顔つきで考えこむ。
⑧ がんほけんに入る人がふえている。

① 　　　② 　　　③ 　　　④
⑤ 　　　⑥ 　　　⑦ 　　　⑧

貿易
ぼうえき

Trade
贸易
Ngoại thương

技 (7) わざ / ギ

貿 (12) ボウ

術 (11) ジュツ

商 (11) あきな－う / ショウ

◆ 漢字を読みましょう

① じゅうどうの技があざやかに決まる。
② 筆記と実技の試験を受ける。
③ 女優になるために演技を勉強する。
④ 新しい技術で車を開発した。
⑤ 美術館で有名な画家の絵を見る。
⑥ 来週、手術を受けることになった。
⑦ 大学卒業後は貿易会社で働きたい。
⑧ ブランド品を商う仕事を始める。
⑨ この通りは商店が多くて活気がある。
⑩ 新しくできた商業ビルで買い物する。

◆ 漢字を書きましょう

① この工芸品はプロのわざが光る。
② 私のとくぎは書道だ。
③ 学校できゅうぎ大会が行われた。
④ 留学して最新のぎじゅつを学ぶ。
⑤ げいじゅつ家を夢みている。
⑥ 世界のぼうえき問題を考える。
⑦ しょうひんをきれいにならべる。
⑧ 兄は有名しょうしゃで働いている。

17章　会社

17章 復習
ふくしゅう

1. 漢字の読み方を書いてください。

① 副社長は今会議に出席している。
② 彼はおもしろいので、クラスの人気者だ。
③ 私は結婚しても会社では旧姓を使っている。
④ 山田さんは約束の時間から30分遅れて現れた。
⑤ 台風のえいきょうで交通機関の運行がみだれている。
⑥ ビルの窓ふきは危険な作業だが、時給がいい。
⑦ 税金は有効に使わなければならない。
⑧ 管理職になり、仕事のストレスがふえた。
⑨ 最近の子どもは外で遊ばなくなった。
⑩ 家がならんでいるこの辺りは昔、畑だった。

2. 漢字を書いてください。

① 私は会社でしょうひん開発を担当している。
② 大切な書類なので、きちんとほかんした。
③ しょうひぜいは表示のね段にふくまれている。
④ つぎの日曜日、天気がよかったらハイキングに行こう。
⑤ 会長のおともでアメリカへ行く予定だ。
⑥ 友人とぼうえき会社を作り自動車部品を売っている。
⑦ きかいかが進んで短時間でできるようになった。
⑧ 彼はけいさんが速くて正確だ。
⑨ 最新のぎじゅつを学ぶために留学することにした。
⑩ この絵は湖のうつくしさがうまくひょうげんされている。

18章 単位

単位 1

単 (9) タン
全 (6) まったーく すべーて ゼン

複 (14) フク
以 (5) イ

◆ 漢字を読みましょう

① 彼は<u>単独</u>で行動することが多い。
② 言うのは<u>簡単</u>だが、やるのは難しい。
③ この事けんは<u>複数</u>の人間が関係している。
④ セミナーに<u>重複</u>して申し込んだ。
⑤ 昨日のことは<u>全</u>く覚えていない。
⑥ この店の料理は<u>全</u>ておいしい。
⑦ 出された料理を<u>全部</u>食べてしまった。
⑧ 今日のテストは<u>全然</u>できなかった。
⑨ 明治<u>以後</u>、日本の近代化が進んだ。
⑩ テストの点が平均<u>以下</u>だった。

① 　　　　② かん　　　③ 　　　　④ 　　　　⑤
⑥ 　　　　⑦ 　　　　　⑧ 　　　　⑨ 　　　　⑩

◆ 漢字を書きましょう

① <u>かんたん</u>な計算ミスをする。
② ツアーではグループ<u>たんい</u>で行動する。
③ 彼は<u>ふくすう</u>の言語が話せる。
④ <u>あんぜん</u>第一で工事を進める。
⑤ 土器が<u>かんぜん</u>な形で見つかった。
⑥ ここから町<u>ぜんたい</u>がよく見える。
⑦ このワインは1万円<u>いじょう</u>する。
⑧ 三位<u>いない</u>に入ると、賞品がもらえる。

① 簡　　　② 　　　　③ 　　　　④
　かん
⑤ かん　　⑥ 　　　　⑦ 　　　　⑧

18章 単位

単位2
たんい

Unit 2
单位 2
Đơn vị 2

未 (5) ミ

無 (12) なーい / ムブ

満 (12) みーちる みーたす / マン

非 (8) ヒ

◆ 漢字を読みましょう

① 夫婦で子どもの未来について話す。
② 10さい未満の子どもは乗れません。
③ コンサート会場は熱気に満ちていた。
④ おかしで、おなかを満たした。
⑤ 彼はいつも仕事の不満を言っている。
⑥ 今の生活に満足している。
⑦ しめきりまで、あと5日しか無い。
⑧ この店は年中無休だ。
⑨ 無事に目的地にとう着した。
⑩ 公共の場で大声を出すのは非常識だ。

①　　　　　②　　　　　③　　　　　④　　　　　⑤

⑥　　　　　⑦　　　　　⑧　　　　　⑨　　　　　⑩

◆ 漢字を書きましょう

① 次の会議の予定はみていだ。
② みせいねんの飲酒は禁止されている。
③ 新入生はやる気にみちている。
④ この飛行機の便は、もうまんせきだ。
⑤ 彼女はむくちだが友達は多い。
⑥ むりなお願いをされて困った。
⑦ ミスした相手をひなんする。
⑧ ホテルのひじょうぐちを確認する。

①　　　　　②　　　　　③　　　　　④

⑤　　　　　⑥　　　　　⑦　　　　　⑧

単位3
たんい

Unit 3
单位 3
Đơn vị 3

億 (15) オク

兆 (6) きざ-す きざ-し チョウ

◆ 漢字を読みましょう

① 1960年代に日本の人口は1億をこえた。
② このマンションは3億円はする。
③ 彼は土地を売って億万長者になった。
④ 日差しに春の暖かさが兆す。
⑤ けい気回復の兆しが見られる。
⑥ A社の1年間の売り上げは1兆円だ。

① ② ③ ④ ⑤
⑥

◆ 漢字を書きましょう

① たからくじでいちおくえんが当たる。
② 春のきざしを感じる。
③ 巨大地震にはぜんちょうがあるそうだ。
④ 国には何ちょうもの借金がある。

① ② ③ ④

18章 復習

1. 漢字の読み方を書いてください。

① お客様に満足していただけるようなサービスを考える。　①
② 調査の結果、何億もの借金があることがわかった。　②
③ この大会で三位以内に入ると、全国大会に出場できる。　③
④ 旅行中はグループ単位で行動してください。　④
⑤ 目げき者によると、はん人は複数いるらしい。　⑤

2. 漢字を書いてください。

① 日差しや風が暖かくなり、春のきざしを感じる。　①
② 6さいみまんの幼児は無料で乗車できる。　②
③ 最近仕事がいそがしくて、恋人とぜんぜん会えない。　③
④ むりなお願いをきいてくれて、ありがとう。　④
⑤ 地震や火事に備えて、ひじょうぐちを確認しておく。　⑤

17・18章 アチーブメントテスト

【1】次の文の下線をつけた言葉の読み方を①〜④の中から選び、番号を書いてください。

1. 亡くなった父のはかに花とせんこうを<u>供える</u>。
   ①たくわえる　②そなえる　③ささえる　④さしえる

2. 科学<u>技術</u>の進歩とともに生活が便利になった。
   ①ぎじつ　②ぎじっつ　③ぎじゅつ　④ぎじうつ

3. この店は<u>若者</u>に人気で、いつもこんでいる。
   ①わかしゃ　②じゃくしゃ　③じゃくもの　④わかもの

4. <u>次回</u>のテストは1週間後に行います。
   ①じかい　②つぎかい　③しかい　④ずかい

5. 全財産を<u>費やした</u>が会社が倒産してしまった。
   ①ついやした　②つやした　③ひやした　④つえやした

| 1. | 2. | 3. | 4. | 5. |

【2】次の文の下線をつけた言葉の漢字を①〜④の中から選び、番号を書いてください。

1. 自動車工場にはいろいろな種類の<u>きかい</u>がある。
   ①機械　②機会　③器会　④議会

2. この山は道が<u>けわしく</u>登るのが大変だ。
   ①険しく　②検しく　③毛足く　④験しく

3. 東京の都心のマンションは1<u>おく</u>円以上する。
   ①億　②屋　③意　④北

4. 来月、<u>ふく</u>社長とアメリカに出張する。
   ①福　②副　③複　④復

5. 日本では、はたち<u>みまん</u>はお酒を飲んではいけない。
   ①未満　②末満　③実満　④三万

| 1. | 2. | 3. | 4. | 5. |

【3】①〜⑳の下線部の漢字または読み方を書いてください。

①副社長にインタビュー

Q：学生時代はどんな学生でしたか。

A：そうですね。よく学びよく遊び・・・ですね。しょう来は、ものづくりに関わる仕事がしたいと思って②機械工学を学びました。夏はテニス、冬はスキーをよくしていました。

Q：卒業後、今の会社に入社されたのですね。

A：はい。そうです。③ぎじゅつ部門に入りました。④むかしは古い⑤機械が多かったので大変でした。⑥あぶない思いもしましたよ。自分が⑦管理職になってからは、まず、⑧安全を第一に取り組みました。

Q：例えば、どんなことでしょうか。

A：毎週、⑨全員に⑩きけんだと思うところを報告してもらいました。そして、チームでそれらを改ぜんしていきました。

Q：そうですか。今までで⑪最も大変だったのはどんなことでしょうか。

A：そうですね。経済⑫ききで注文が⑬いぜんより大きく減ったことですね。広告⑭ひようを減らしてどうにか乗りこえました。

Q：⑮げんざいは、⑯次から次へとヒット商品を出して、⑰おく⑱単位の売り上げですね。

A：そうですね。でも、これで⑲まんぞくしないで⑳1兆円を目指しますよ。

Q：本日はお忙しいところ、お時間をとってくださりありがとうございました。

①	②	③	④
⑤	⑥	⑦	⑧
⑨	⑩	⑪	⑫
⑬	⑭	⑮	⑯
⑰	⑱	⑲	⑳

17・18章 クイズ

【1】 次の文にはまちがっている漢字があります。例のように正しい漢字に直してください。

（例）福社長は先週からアメリカに出張している。 ⇒ 「副」社長

1. 末成年は、たばこを吸ってはいけない。 ⇒ 「　」成年
2. たからくじで1憶円当たった。 ⇒ 1「　」円
3. 山田さんは復数の言語が話せる。 ⇒ 「　」数
4. 水道菅の工事で一日中、水が使えなかった。 ⇒ 水道「　」
5. この場所は危検なので、入らないでください。 ⇒ 危「　」

【2】 「　」から漢字を一字選んで、「無、未、非、全、以」を使った言葉を作ってください。（　）には読み方を書いてください。

（例）無　理 …（ むり ）なお願いをして、すみません。
　　　　事 …（ ぶじ ）に家へ帰る。

1. 「　」来 … 子どもたちの（　　　　）を考える。
　　　　定 … 休みの予定は（　　　　）です。

2. 「　」口 … 彼は（　　　　）で、ほとんど話さない。
　　　　料 … ここは入場（　　　　）です。

3. 「　」難 … 友人のひどい言動を（　　　　）する。
　　　　常 …（　　　　）ベルが鳴ったので階段からにげた。

4. 「　」員 … 会議をしますから、（　　　　）集まってください。
　　　　力 … 今度の試合は（　　　　）でがんばります。

5. 「　」内 … 1週間（　　　　）に本を返してください。
　　　　前 …（　　　　）ここは、うどん屋だった。

17・18章　クイズ

【3】_____の言葉の読み方を書いてください。

私の町

私たちの町には大きなダムがあります。この辺り①（　　　）で最も高い建物です。

今から、約五十年前に造られました。当時、日本の最高技術が使われたそうです。②（　　　）建設費は③（　　　）五百億円④（　　　）以上で、七年かかったそうです。工事⑤（　　　）は非常に⑥（　　　）危険で、⑦（　　　）亡くなった人もいるそうです。工事

私のおじさんは、現場で機械の管理の仕事をしていました。⑧（　　　）⑨（　　　）⑩（　　　）初め、ここにダムを造るのは無理だと思っていた人が多かったそうです。⑪（　　　）

⑫（　　　）現在、ダムは水力発電に使われていますが、観光地として⑬（　　　）も有名になって、たくさんの人が来るようになりました。

【4】（　　）に入る漢字を□から選んで書いてください。

社長の独り言

この会社は問題が山積みだ。まずは、私を助けてくれる（　　　）社長を決めなければ。田中君はどうだろうか、彼はこの会社で（　　　）も信用できる人物だ。

売り上げは今、100（　　　）円程度。10年後には1（　　　）円をこえたい。そのためには、生産性をあげなければ…。工場の今ある（　　　）は古いから、新しいものに変えよう。そして…（　　　）も上げる必要もある。新しい開発部門の（　　　）の（　　　）職は…山下さんは（　　　）てよくわかっているし、（　　　）も立てられるから…。

| 副 | 最 | 技術力 | 億 | 兆 |
| 全 | 機械 | 予算 | 管理 | 次 |

11−18章 まとめテスト

【1】次の文の下線をつけた言葉の読み方を①～④の中から選び、番号を書いてください。

1．病気で長く仕事を休んでいたが、来月から<u>復帰</u>することにした。
　　①ふき　　　　②ふくき　　　　③ふっき　　　　④ふうき

2．気温が<u>氷点下</u>になると、水がこおってしまうので注意が必要だ。
　　①ひょうてんか　②ひょうてんした　③ひてんか　　　④ひてんした

3．大学に合格したが、急に帰国することになったので入学を<u>辞退</u>した。
　　①したい　　　②しだい　　　　③じちょう　　　④じたい

4．この問題集は<u>解説</u>がとてもわかりやすくて、学生の間でひょうばんだ。
　　①かいさつ　　②かいせつ　　　③げせつ　　　　④げさつ

5．国から親が来日する日、空こうまで<u>迎え</u>に行った。
　　①ひかえ　　　②むきえ　　　　③げいえ　　　　④むかえ

1.	2.	3.	4.	5.

【2】次の文の下線をつけた言葉の漢字を①～④の中から選び、番号を書いてください。

1．このごろ昼間はとても<u>あたたかい</u>が、夜になると急に冷え込む。
　　①暑たかい　　②温かい　　　　③熱たかい　　　④暖かい

2．電車の中で大声でさわぐなんて、あの人は本当に<u>じょうしき</u>がない。
　　①常式　　　　②定式　　　　　③常識　　　　　④定識

3．左右の安全を<u>かくにん</u>してから横断歩道をわたってください。
　　①確認　　　　②格任　　　　　③格認　　　　　④確任

4．ガス<u>かん</u>工事のため道の半分が通れなくなっている。
　　①官　　　　　②観　　　　　　③管　　　　　　④缶

5．彼は会社が倒産するといううわさをかん全に<u>ひてい</u>した。
　　①非定　　　　②否定　　　　　③非程　　　　　④否程

1.	2.	3.	4.	5.

11－18章　まとめテスト

【3】①～⑳の下線部の漢字または読み方を書いてください。

日本への留学

日本へ来て半年がたった。日本へ来た①りゆうは、日本の大学を②そつぎょうして③貿易に関する④しごとをしたいと思ったからだ。

去年、東アジアの⑤島国である日本に⑥留学したいと⑦そうだんしたとき、りょう親はとてもおどろいていた。日本について何も知らなかったりょう親に、日本はとても⑧あんぜんで、⑨気候も⑩温暖で住みやすい国だと⑪せつめいした。⑫さんせいしてくれるまで少し時間はかかったが、今は父も母も私の留学をおうえんしてくれている。

そして今、私は自分の夢をかなえるために、毎日日本語の勉強をがんばっている。日本語は文字の⑬種類がいくつもあって⑭おぼえるのが⑮たいへんだが、学校の⑯授業はわかりやすいし、先生も優しいので毎日楽しい。

そして、⑰最近一番うれしかったのはアルバイト先で日本人の親友ができたことだ。日本の生活について悩んでいたとき、彼は私の話をずっと聞いてくれた。また、お客さんに⑱失礼な言い方をして怒られたときも、いっしょにあやまってくれた。本当にたよりになる⑲存在だ。

これからも⑳くろうすることはあると思うが、勉強はもちろん、いろいろな経験を積んで、じゅう実した留学生活を送りたいと思う。

①	②	③	④
⑤	⑥	⑦	⑧
⑨	⑩	⑪	⑫
⑬	⑭	⑮	⑯
⑰	⑱	⑲	⑳

熟字訓
じゅくじくん

明日	あす		立ち退く	たちのく
小豆	あずき		七夕	たなばた
意気地	いくじ		足袋	たび
海原	うなばら		一日	ついたち
乳母	うば		手伝う	てつだう
笑顔	えがお		伝馬船	てんません
大人	おとな		父さん	とうさん
一昨日	おととい		十重二十重	とえはたえ
一昨年	おととし		読経	どきょう
お神酒	おみき		時計	とけい
母屋／母家	おもや		友達	ともだち
母さん	かあさん		仲人	なこうど
神楽	かぐら		名残	なごり
河岸	かし		兄さん	にいさん
河原／川原	かわら		姉さん	ねえさん
昨日	きのう		野良	のら
今日	きょう		二十日	はつか
果物	くだもの		一人	ひとり
今朝	けさ		日和	ひより
心地	ここち		二日	ふつか
今年	ことし		下手	へた
差し支える	さしつかえる		部屋	へや
五月	さつき		真っ赤	まっか
五月雨	さみだれ		真っ青	まっさお
時雨	しぐれ		息子	むすこ
竹刀	しない		八百長	やおちょう
清水	しみず		八百屋	やおや
三味線	しゃみせん		大和	やまと
上手	じょうず		行方	ゆくえ
師走	しわす		若人	わこうど
山車	だし			

索引

	読み	漢字	ページ	章
あ	アイ	愛	50	6章
	あい	相	136	16章
	あきな－う	商	146	17章
	アク	悪	96	10章
	あさ－い	浅	103	12章
	あせ	汗	29	3章
	あたた－か	温	18	2章
	あたた－か	暖	104	12章
	あたた－かい	温	18	2章
	あたた－かい	暖	104	12章
	あたた－まる	温	18	2章
	あたた－まる	暖	104	12章
	あたた－める	温	18	2章
	あたた－める	暖	104	12章
	あたま	頭	28	3章
	あつ－い	熱	18	2章
	あつ－い	厚	130	15章
	あ－びせる	浴	12	1章
	あ－びる	浴	12	1章
	あぶ－ない	危	145	17章
	あや－うい	危	145	17章
	あや－ぶむ	危	145	17章
	あら－う	洗	13	1章
	あらわ－す	表	45	5章
	あらわ－す	現	143	17章
	あらわ－れる	表	45	5章
	あらわ－れる	現	143	17章
	あ－る	在	100	12章
い	イ	位	36	4章
	イ	意	38	4章
	イ	易	96	11章
	イ	移	111	13章
	イ	以	148	18章
	いか－る	怒	53	6章
	いき	息	29	3章
	いくさ	戦	44	5章
	いた	板	78	9章
	いた－い	痛	30	3章
	いた－む	痛	30	3章
	いた－める	痛	30	3章
	いな	否	133	16章
	い－る	要	98	11章
	いわ－う	祝	63	7章
	イン	引	116	14章
	イン	員	128	15章
う	うい	初	69	8章
	う－える	植	118	14章
	う－かる	受	84	10章
	う－ける	受	84	10章
	うしな－う	失	127	15章
	う－つ	打	48	5章
	うつ－す	移	111	13章
	うつ－る	移	111	13章
	うつわ	器	19	2章
	う－わる	植	118	14章
え	エ	回	45	5章
	エ	絵	114	13章
	エイ	永	64	7章
	エキ	液	31	3章
	エキ	易	96	11章
	え－む	笑	53	6章
	えら－ぶ	選	83	10章
	エン	塩	20	2章
	エン	演	113	13章
お	オ	和	66	8章
	オ	悪	86	10章

	読み	漢字	ページ	章
	お－いる	老	67	8章
	お－う	追	35	4章
	お－う	負	44	5章
	オウ	横	36	4章
	オウ	央	36	4章
	オウ	欧	112	13章
	オウ	押	116	14章
	おぎな－う	補	98	11章
	お－きる	起	12	1章
	お－く	置	36	4章
	オク	億	150	18章
	お－こす	起	12	1章
	お－こる	起	12	1章
	おこ－る	怒	53	6章
	お－さえる	押	116	14章
	おさな－い	幼	76	9章
	おさ－まる	治	79	9章
	おさ－まる	収	130	15章
	おさ－める	治	79	9章
	おさ－める	収	130	15章
	お－す	押	116	14章
	お－ちる	落	84	10章
	お－とす	落	84	10章
	おのおの	各	70	8章
	おび	帯	31	3章
	お－びる	帯	31	3章
	おぼ－える	覚	97	11章
	おも	面	84	10章
	おもて	表	45	5章
	おもて	面	84	10章
	おり	折	34	4章
	お－る	折	34	4章
	お－れる	折	34	4章
	オン	温	18	2章
か	カ	果	21	2章
	カ	可	83	10章
	カ	河	101	12章
	カイ	回	45	5章
	カイ	介	60	7章
	カイ	解	96	11章
	カイ	絵	114	13章
	カイ	階	117	14章
	カイ	械	145	17章
	か－える	代	45	5章
	か－える	変	110	13章
	かお	顔	28	3章
	かかり	係	66	8章
	かか－る	係	66	8章
	かか－わる	関	66	8章
	か－く	欠	95	11章
	カク	角	34	4章
	カク	各	70	8章
	カク	格	70	8章
	カク	覚	97	11章
	カク	確	134	16章
	か－ける	欠	95	11章
	かしら	頭	28	3章
	かた	型	19	2章
	かた	形	103	12章
	かた－い	難	52	6章
	かたち	形	103	12章
	か－つ	勝	44	5章
	カツ	活	13	1章
	かつ－ぐ	担	77	9章
	かど	角	34	4章
	かな－しい	悲	53	6章

読み	漢字	ページ	章
かな−しむ	悲	53	6章
かなめ	要	98	11章
かなら−ず	必	62	7章
かの	彼	68	8章
かま−う	構	119	14章
かま−える	構	119	14章
かみ	神	114	13章
から−まる	絡	135	16章
から−む	絡	135	16章
から−める	絡	135	16章
かれ	彼	68	8章
かわ	河	101	12章
がわ	側	37	4章
か−わる	代	45	5章
か−わる	変	110	13章
カン	千	13	1章
カン	缶	21	2章
カン	汗	29	3章
カン	感	50	6章
カン	関	66	8章
カン	観	113	13章
かん	神	114	13章
カン	官	128	15章
カン	管	142	17章
ガン	顔	28	3章
ガン	願	64	7章
ガン	岸	104	12章
き	キ	起	12	1章
キ	器	19	2章
キ	記	46	5章
キ	喜	53	6章
キ	期	61	7章
キ	机	78	9章
キ	希	82	10章
キ	季	102	12章
キ	機	145	17章
キ	危	145	17章
ギ	議	132	16章
ギ	技	146	17章
き−える	消	116	14章
き−く	効	98	11章
きざ−し	兆	150	18章
きざ−す	兆	150	18章
きし	岸	104	12章
きず−く	築	119	14章
き−まる	決	44	5章
きみ	君	68	8章
き−める	決	44	5章
ギャク	逆	37	4章
キュウ	吸	29	3章
キュウ	救	32	3章
キュウ	球	48	5章
キュウ	泣	54	6章
キュウ	久	69	8章
キュウ	級	94	11章
キュウ	求	126	15章
キュウ	給	130	15章
キュウ	旧	143	17章
キョ	巨	101	12章
キョウ	橋	38	4章
キョウ	経	79	9章
キョウ	供	144	17章
ギョウ	業	94	11章
ギョウ	形	103	12章
キョク	曲	34	4章
キョク	局	128	15章
キン	均	85	10章
く	ク	庫	120	14章
ク	苦	52	6章

読み	漢字	ページ	章
ク	久	69	8章
ク	供	144	17章
グ	具	80	9章
くだ	管	142	17章
くび	首	28	3章
くみ	組	77	9章
く−む	組	77	9章
くらい	位	36	4章
くる−しい	苦	52	6章
くる−しむ	苦	52	6章
くる−しめる	苦	52	6章
クン	君	68	8章
け	ゲ	解	96	11章
ケイ	型	19	2章
ケイ	係	66	8章
ケイ	経	79	9章
ケイ	形	103	12章
ゲイ	迎	110	13章
ゲイ	芸	113	13章
け−す	消	116	14章
ケツ	血	31	3章
ケツ	決	44	5章
ケツ	結	60	7章
ケツ	欠	95	11章
けわ−しい	険	145	17章
ケン	検	30	3章
ケン	建	119	14章
ケン	険	145	17章
ゲン	現	143	17章
こ	コ	粉	20	2章
コ	呼	29	3章
コ	個	70	8章
コ	戸	117	14章
コ	庫	120	14章
ゴ	期	61	7章
こい	恋	50	6章
こい−しい	恋	50	6章
こ−う	恋	50	6章
コウ	幸	64	7章
コウ	格	70	8章
コウ	効	98	11章
コウ	候	102	12章
こう	神	114	13章
コウ	構	119	14章
コウ	向	120	14章
コウ	厚	130	15章
コウ	肯	133	16章
ゴウ	業	94	11章
こおり	氷	101	12章
コク	告	135	16章
こと	事	16	1章
ことわ−る	断	134	16章
こな	粉	20	2章
こま−る	困	52	6章
ころ−がす	転	35	4章
ころ−がる	転	35	4章
ころ−げる	転	35	4章
ころ−ぶ	転	35	4章
コン	根	118	14章
コン	建	119	14章
コン	困	52	6章
コン	婚	60	7章
さ	サ	査	30	3章
サ	差	47	5章
サ	再	69	8章
ザ	座	78	9章
サイ	菜	21	2章
サイ	再	69	8章
サイ	済	79	9章

さくいん

読み	漢字	ページ	章
サイ	祭	114	13 章
サイ	最	142	17 章
ザイ	材	19	2 章
ザイ	在	100	12 章
さいわーい	幸	64	7 章
さか	逆	37	4 章
さか	坂	104	12 章
さがーす	探	126	15 章
さかずき	杯	22	2 章
さかーらう	逆	37	4 章
サク	昨	15	1 章
さぐーる	探	126	15 章
ささーえる	支	130	15 章
さーす	差	47	5 章
さーす	指	136	16 章
さずーかる	授	94	11 章
さずーける	授	94	11 章
さだーか	定	16	1 章
さだーまる	定	16	1 章
さだーめる	定	16	1 章
さち	幸	64	7 章
さーます	冷	18	2 章
さーます	覚	97	11 章
さーめる	冷	18	2 章
さーめる	覚	97	11 章
サン	賛	132	16 章
サン	算	144	17 章
ザン	残	54	6 章

し

読み	漢字	ページ	章
シ	歯	30	3 章
シ	死	32	3 章
シ	師	77	9 章
シ	仕	126	15 章
シ	支	130	15 章
シ	指	136	16 章
シ	示	136	16 章
シ	次	143	17 章
ジ	事	16	1 章
じ	路	34	4 章
ジ	児	76	9 章
ジ	治	79	9 章
ジ	仕	126	15 章
ジ	辞	129	15 章
ジ	示	136	16 章
ジ	次	143	17 章
しあわーせ	幸	64	7 章
しお	塩	20	2 章
シキ	式	63	7 章
シキ	識	127	15 章
ジキ	直	37	4 章
シツ	失	127	15 章
ジツ	実	118	14 章
しーぬ	死	32	3 章
しま	島	104	12 章
しめーす	示	136	16 章
シャ	捨	14	1 章
シャ	者	142	17 章
シャク	昔	143	17 章
シュ	首	28	3 章
シュ	守	64	7 章
シュ	種	100	12 章
シュ	取	116	14 章
ジュ	受	84	10 章
ジュ	授	94	11 章
シュウ	拾	14	1 章
シュウ	祝	63	7 章
シュウ	州	112	13 章
シュウ	舟	113	13 章
シュウ	収	130	15 章
ジュウ	拾	14	1 章

読み	漢字	ページ	章
シュク	祝	63	7 章
ジュツ	術	146	17 章
ジュン	順	47	5 章
ジュン	準	110	13 章
ショ	初	69	8 章
ジョ	助	32	3 章
ショウ	焼	19	2 章
ショウ	勝	44	5 章
ショウ	賞	46	5 章
ショウ	笑	53	6 章
ショウ	紹	60	7 章
ショウ	姓	67	8 章
ショウ	性	70	8 章
ショウ	政	79	9 章
ショウ	消	116	14 章
ショウ	相	136	16 章
ショウ	商	146	17 章
ジョウ	定	16	1 章
ジョウ	情	50	6 章
ジョウ	成	86	10 章
ジョウ	常	127	15 章
ショク	植	118	14 章
ショク	職	126	15 章
しらーべる	調	83	10 章
しりぞーく	退	129	15 章
しりぞーける	退	129	15 章
しるーす	記	46	5 章
しろ	代	45	5 章
シン	寝	12	1 章
シン	信	51	6 章
シン	身	61	7 章
シン	伸	80	9 章
シン	深	103	12 章
シン	神	114	13 章
シン	進	38	4 章
ジン	神	114	13 章

す

読み	漢字	ページ	章
ス	守	62	7 章
す	州	112	13 章
ズ	事	16	1 章
ズ	豆	21	2 章
ズ	頭	28	3 章
スイ	酔	63	7 章
すーう	吸	29	3 章
すえ	末	15	1 章
すくーう	救	32	3 章
すぐーれる	優	46	5 章
すけ	助	32	3 章
すすーむ	進	38	4 章
すすーめる	進	38	4 章
すーてる	捨	14	1 章
すべーて	全	148	18 章
すーます	済	79	9 章
すーむ	済	79	9 章
すわーる	座	78	9 章

せ

読み	漢字	ページ	章
セイ	情	50	6 章
セイ	姓	67	8 章
セイ	性	70	8 章
セイ	政	79	9 章
セイ	成	86	10 章
ゼイ	説	96	11 章
ゼイ	税	144	17 章
せき	関	66	8 章
セキ	績	86	10 章
セキ	席	95	11 章
セキ	積	129	15 章
セキ	昔	143	17 章
セツ	折	34	4 章
セツ	接	84	10 章
セツ	説	96	11 章

読み	漢字	ページ	章
セツ	設	120	14章
セン	洗	13	1章
セン	線	37	4章
セン	戦	44	5章
セン	選	83	10章
セン	浅	103	12章
ゼン	全	148	18章
そ ソ	想	51	6章
ソ	組	77	9章
ソウ	窓	117	14章
ソウ	想	51	6章
ソウ	相	136	16章
ゾウ	造	118	14章
そうろう	候	102	12章
ソク	息	29	3章
ソク	側	37	4章
ソク	測	47	5章
ソク	束	62	7章
ゾク	続	97	11章
そこ	底	103	12章
そそ-ぐ	注	38	4章
ソツ	率	85	10章
ソツ	卒	94	11章
そな-える	備	110	13章
そな-える	供	144	17章
そな-わる	備	110	13章
そ-める	初	69	8章
そ-らす	反	132	16章
そ-る	反	132	16章
ソン	存	100	12章
ゾン	存	100	12章
た タ	他	68	8章
ダ	打	48	5章
タイ	袋	14	1章
タイ	帯	31	3章
タイ	代	45	5章
タイ	退	130	15章
タイ	対	132	16章
ダイ	代	45	5章
ダイ	第	45	5章
たい-ら	平	85	10章
たお-す	倒	35	4章
たお-れる	倒	35	4章
タク	濯	13	1章
タク	度	18	2章
たぐい	類	100	12章
たし-か	確	134	16章
たし-かめる	確	134	16章
たす-かる	助	32	3章
たす-ける	助	32	3章
たたか-う	戦	44	5章
ただ-ちに	直	37	4章
た-つ	建	119	14章
た-つ	断	134	16章
タツ	達	69	8章
た-てる	建	119	14章
たと-える	例	96	11章
たね	種	100	12章
たば	束	62	7章
たび	度	18	2章
たま	球	48	5章
たまご	卵	20	2章
たも-つ	保	133	16章
タン	担	77	9章
タン	探	126	15章
タン	反	132	16章
タン	単	148	18章
ダン	暖	102	12章
ダン	団	112	13章
ダン	段	117	14章
ダン	断	134	16章
ダン	談	136	16章
ち ち	乳	20	2章
ち	血	31	3章
チ	置	36	4章
チ	治	79	9章
チク	築	119	14章
ちち	乳	20	2章
チュウ	柱	120	14章
チュウ	仲	68	8章
チュウ	注	38	4章
チョ	貯	61	7章
チョウ	調	83	10章
チョウ	兆	150	18章
チョク	直	37	4章
つ ツイ	追	35	4章
ツイ	対	132	16章
つい-える	費	144	17章
つい-やす	費	144	17章
ツウ	痛	30	3章
つか-える	仕	126	15章
つぎ	次	143	17章
つ-く	突	35	4章
つ-く	付	66	8章
つ-ぐ	接	84	10章
つ-ぐ	次	143	17章
つくえ	机	78	9章
つく-る	造	119	14章
つ-ける	付	46	8章
つ-げる	告	135	16章
つた-う	伝	51	6章
つた-える	伝	51	6章
つた-わる	伝	51	6章
つづ-く	続	97	11章
つづ-ける	続	97	11章
つつ-む	包	31	3章
つと-める	努	97	11章
つね	常	127	15章
つの	角	34	15章
つ-む	積	129	15章
つめ-たい	冷	18	2章
つ-もる	積	129	15章
つら	面	84	10章
つら-なる	連	135	16章
つら-ねる	連	135	16章
つ-れる	連	135	16章
て テイ	定	16	1章
テイ	底	103	12章
テイ	程	112	13章
テキ	的	84	10章
テン	転	35	4章
テン	点	48	5章
デン	伝	51	6章
と と	戸	117	14章
ト	度	18	2章
ト	頭	28	3章
ト	徒	76	9章
ト	登	111	13章
ド	度	18	2章
ド	怒	53	6章
ド	努	97	11章
トウ	湯	12	1章
トウ	豆	21	2章
トウ	頭	28	3章
トウ	投	48	5章
トウ	島	104	12章
トウ	登	111	13章
トウ	倒	35	4章

読み	漢字	ページ	章
ドウ	童	76	9 章
と－かす	解	96	11 章
と－く	解	96	11 章
と－く	説	96	11 章
ドク	独	61	7 章
と－ける	解	96	11 章
とこ	常	127	15 章
トツ	突	35	4 章
ととの－う	調	83	10 章
ととの－える	調	83	10 章
と－ばす	飛	111	13 章
と－ぶ	飛	111	13 章
と－まる	泊	111	13 章
と－まる	留	134	16 章
と－める	泊	111	13 章
と－める	留	134	16 章
とも	供	144	17 章
と－る	取	116	14 章
トン	団	112	13 章
な	菜	21	2 章
な－い	亡	32	3 章
な－い	無	149	18 章
なお－す	直	37	4 章
なお－す	治	79	9 章
なお－る	直	37	4 章
なお－る	治	79	9 章
なか	仲	68	8 章
なが－い	永	64	7 章
なが－す	流	102	12 章
なが－れる	流	102	12 章
な－く	泣	54	6 章
な－げる	投	48	5 章
なご－む	和	66	8 章
なご－やか	和	66	8 章
なさ－け	情	50	6 章
な－す	成	86	10 章
なみだ	涙	54	6 章
なや－ます	悩	52	6 章
なや－む	悩	52	6 章
な－る	成	86	10 章
ナン	難	52	6 章
ニ	児	76	9 章
にが－い	苦	52	6 章
にが－る	苦	52	6 章
にな－う	担	77	9 章
ニュウ	乳	20	2 章
ニン	任	77	9 章
ニン	認	134	16 章
ね	根	118	14 章
ねが－う	願	64	7 章
ね－かす	寝	12	1 章
ネツ	熱	18	2 章
ね－る	寝	12	1 章
ネン	燃	14	1 章
ネン	念	54	6 章
ノウ	悩	52	6 章
ノウ	能	83	10 章
のこ－す	残	54	6 章
のこ－る	残	54	6 章
のぞ－む	望	82	10 章
の－ばす	伸	80	9 章
の－びる	伸	80	9 章
の－べる	伸	80	9 章
のぼ－る	登	111	13 章
は	歯	30	3 章
は	葉	118	14 章
ハイ	杯	22	2 章
バイ	倍	85	10 章
はか－る	量	22	2 章
はか－る	測	47	5 章
ハク	泊	111	13 章
はこ	箱	80	9 章
はし	橋	38	4 章
はじ－め	初	69	8 章
はじ－めて	初	69	8 章
はしら	柱	120	14 章
はた	機	145	17 章
は－たす	果	21	2 章
はつ	初	69	8 章
バツ	末	15	1 章
は－て	果	21	2 章
は－てる	果	21	2 章
はな	鼻	28	3 章
ハン	板	78	9 章
ハン	坂	104	12 章
ハン	反	132	16 章
ハン	判	134	16 章
バン	板	78	9 章
バン	判	134	16 章
ヒ	悲	53	6 章
ヒ	彼	68	8 章
ヒ	氷	101	12 章
ヒ	飛	111	13 章
ヒ	否	134	16 章
ヒ	費	144	17 章
ヒ	非	149	18 章
ビ	鼻	28	3 章
ビ	備	110	13 章
ひ－える	冷	18	2 章
ひき	匹	22	2 章
ひき－いる	率	85	10 章
ひ－く	引	116	14 章
ひ－ける	引	116	14 章
ひさ－しい	久	69	8 章
ヒツ	匹	22	2 章
ヒツ	必	62	7 章
ヒツ	筆	78	9 章
ひとり	独	61	7 章
ひ－や	冷	18	2 章
ひ－やかす	冷	18	2 章
ひ－やす	冷	18	2 章
ヒョウ	表	45	5 章
ヒョウ	氷	101	12 章
ビョウ	秒	47	5 章
ビョウ	平	85	10 章
ひら	平	85	10 章
ひ－る	干	13	1 章
ひろ－う	拾	14	1 章
フ	負	44	5 章
フ	付	66	8 章
フ	婦	67	8 章
ブ	無	149	18 章
ふか－い	深	103	12 章
ふか－まる	深	103	12 章
ふか－める	深	103	12 章
フク	福	64	7 章
フク	複	148	18 章
フク	復	98	11 章
フク	副	142	17 章
ふくろ	袋	14	1 章
ふ－ける	老	67	8 章
ふたた－び	再	69	8 章
ブツ	仏	114	13 章
ふで	筆	78	9 章
ふな	舟	113	13 章
ふね	舟	113	13 章
フン	粉	20	2 章
ヘイ	平	85	10 章

読み	漢字	ページ	章
へ－る	経	79	9章
ヘン	変	110	13章
ほ ホ	補	98	11章
ホ	保	133	16章
ホウ	包	31	3章
ホウ	報	135	16章
ボウ	亡	32	3章
ボウ	棒	80	9章
ボウ	望	82	10章
ボウ	忘	97	11章
ボウ	貿	146	17章
ほか	他	68	8章
ほ－しい	欲	51	6章
ほ－す	干	13	1章
ほっ－する	欲	51	6章
ほど	程	112	13章
ほとけ	仏	114	13章
ホン	反	132	16章
ま マイ	枚	22	2章
ま－かす	負	44	5章
ま－かす	任	77	9章
ま－かせる	任	77	9章
ま－がる	曲	34	4章
ま－ける	負	44	5章
ま－げる	曲	34	4章
まさ－る	勝	44	5章
マツ	末	15	1章
まった－く	全	148	18章
まつ－り	祭	114	13章
まつりごと	政	79	9章
まつ－る	祭	114	13章
まと	的	82	10章
まど	窓	117	14章
まめ	豆	21	2章
まも－る	守	62	7章
まわ－す	回	45	5章
まわ－る	回	45	5章
マン	満	149	18章
み み	身	61	7章
み	実	118	14章
ミ	未	149	18章
み－たす	満	149	18章
み－ちる	満	149	18章
みと－める	認	134	16章
みの－る	実	118	14章
む ム	夢	82	10章
ム	無	149	18章
む－かう	向	120	14章
むか－える	迎	110	13章
むかし	昔	143	17章
む－く	向	120	14章
むく－いる	報	135	16章
む－ける	向	120	14章
む－こう	向	120	14章
むずか－しい	難	52	6章
むす－ぶ	結	60	7章
むすめ	娘	67	8章
め メン	面	84	10章
も モウ	亡	32	3章
モウ	望	82	10章
もう－ける	設	120	14章
も－える	燃	14	1章
も－す	燃	14	1章
もち－いる	用	16	1章
もっと－も	最	140	17章
もと－める	求	126	15章
もの	者	142	17章
も－やす	燃	14	1章
もり	守	62	7章

読み	漢字	ページ	章
や や－く	焼	19	2章
ヤク	約	62	7章
ヤク	訳	95	11章
や－ける	焼	19	2章
やさ－しい	優	46	5章
やさ－しい	易	96	11章
や－める	辞	129	15章
やわ－らぐ	和	66	8章
やわ－らげる	和	66	8章
ゆ ゆ	湯	12	1章
ユ	由	95	11章
ユイ	由	95	11章
ゆ－う	結	60	7章
ユウ	優	46	5章
ユウ	由	95	11章
ゆび	指	136	16章
ゆめ	夢	82	10章
ゆ－わえる	結	60	7章
よ ヨ	予	16	1章
よ	代	45	5章
よ－い	良	86	10章
よ－う	酔	63	7章
ヨウ	曜	15	1章
ヨウ	用	16	1章
ヨウ	葉	118	14章
ヨウ	幼	76	9章
ヨウ	要	108	11章
ヨウ	陽	101	12章
ヨク	浴	12	1章
ヨク	翌	15	1章
ヨク	欲	51	6章
よこ	横	36	4章
よし	由	95	11章
よ－ぶ	呼	29	3章
よろこ－ぶ	喜	53	6章
ら ライ	礼	127	15章
ラク	落	84	10章
ラク	絡	135	16章
ラン	卵	20	2章
り リク	陸	104	12章
リツ	率	85	10章
リュウ	流	102	12章
リュウ	留	133	16章
リョウ	量	22	2章
リョウ	良	86	10章
る ル	流	102	12章
ル	留	133	16章
ルイ	涙	54	6章
ルイ	類	100	12章
れ レイ	冷	18	2章
レイ	例	96	11章
レイ	礼	127	15章
レツ	列	63	7章
レン	恋	50	6章
レン	連	137	16章
ろ ロ	路	34	4章
ロウ	老	67	8章
ロウ	労	128	15章
ロク	録	46	5章
わ ワ	和	66	8章
わけ	訳	95	11章
わざ	業	94	11章
わざ	技	146	17章
わす－れる	忘	97	11章
わら－う	笑	53	6章
わらべ	童	76	9章
わる－い	悪	86	10章

解答

◆ 1章 生活
● p12 生活1
①おきる ②おこったら ③おこして ④きしょう ⑤ねながら ⑥ねかす ⑦しんしつ ⑧あびる ⑨にゅうよく ⑩おゆ
①早寝早起き ②起動 ③寝ぼう ④昼寝 ⑤浴びせる ⑥浴室 ⑦湯船 ⑧熱湯
● p13 生活2
①あらう ②てあらい ③せんたくき ④せんざい ⑤ほす ⑥ひもの ⑦かんしょう ⑧せいかつ ⑨せいかつひ ⑩かっぱつ
①洗ったら ②お手洗い ③洗濯物 ④干す ⑤食生活 ⑥活気 ⑦活発に ⑧活動
● p14 ゴミ
①ひろう ②しゅうとくぶつ ③すてる ④ししゃごにゅう ⑤もえた ⑥もす ⑦かねん ⑧ふくろ ⑨かみぶくろ ⑩てぶくろ
①拾った ②拾い ③捨てて ④捨て方 ⑤不燃 ⑥燃やさないで ⑦袋 ⑧袋
● p15 カレンダー1
①すいようび ②かようび ③すえ ④しゅうまつ ⑤きまつ ⑥まつ ⑦さくばん ⑧さくねん ⑨よくしゅう ⑩よくじつ
①木曜日 ②金曜日 ③月末 ④年末年始 ⑤末っ子 ⑥昨日 ⑦昨晩 ⑧翌年
● p16 カレンダー2
①よてい ②てんきよほう ③さだめる ④さだか ⑤じょうぎ ⑥もちいて ⑦こどもよう ⑧りよう ⑨こと ⑩だいじな
①予定 ②予習 ③予約 ④定まった ⑤定期 ⑥用事 ⑦食事 ⑧行事
● p17 復習
①しんしつ ②ねんまつねんし ③ほした ④おこった ⑤すえっこ ⑥てぶくろ ⑦せいかつ ⑧もちいられて ⑨ねっとう ⑩もやす
①早起き ②予定 ③利用 ④浴びて ⑤拾い ⑥捨てないで ⑦洗濯物 ⑧金曜日 ⑨お手洗い ⑩大事な

◆ 2章 料理
● p18 作る1
①あつい ②ねつ ③ひやして ④さめても ⑤つめたい ⑥ひや ⑦あたたまった ⑧あたたかい ⑨おんど ⑩きおん
①熱い ②冷えて ③冷まして ④冷やかす ⑤温める ⑥温かな ⑦体温計 ⑧支度
● p19 作る2
①ざいりょう ②もくざい ③かた ④さいしんがた ⑤ぶんけい ⑥やいた ⑦ひやけ ⑧ねんしょう ⑨うつわ ⑩しょっき
①材料 ②食材 ③人材 ④焼いた ⑤焼ける ⑥食器 ⑦器 ⑧器用
● p20 食材1
①たまご ②らんぱく ③ちち ④ぎゅうにゅう ⑤ほにゅうるい ⑥こむぎこ ⑦ふんまつ ⑧こなぐすり ⑨しおあじ ⑩しお
①卵 ②卵黄 ③牛乳 ④粉 ⑤粉 ⑥花粉 ⑦塩 ⑧塩分
● p21 食材2
①やさい ②なのはな ③はたす ④はてた ⑤はて ⑥かじつしゅ ⑦まめ ⑧だいず ⑨とうふ ⑩かん
①生野菜 ②菜園 ③果たした ④結果 ⑤豆 ⑥なっ豆 ⑦缶 ⑧缶づめ
● p22 数え方
①さかずき ②にはい ③いっぱい ④かんぱい ⑤まいすう ⑥いっぴき ⑦ひってき ⑧はかったら ⑨けいりょう ⑩けいりょう
①何杯 ②一杯 ③二枚 ④三枚 ⑤十枚 ⑥二匹 ⑦三匹 ⑧量る
● p23 復習
①きおん ②ひえる ③はたした ④いっぱい ⑤はかって ⑥しょっき ⑦たまご ⑧こな ⑨やさい ⑩だいず
①熱くて ②冷たい ③温かい ④5枚 ⑤焼けた ⑥型 ⑦牛乳 ⑧材料 ⑨塩分 ⑩缶づめ

● p24　1・2章アチーブメントテスト（配点：【1】【2】は各2点、【3】は各4点）
【1】 1. ①　2. ②　3. ④　4. ④　5. ③
【2】 1. ②　2. ③　3. ④　4. ①　5. ③
【3】①はやおき　②いっぱい　③熱い　④あびる　⑤温度　⑥せんたくき　⑦洗剤　⑧何枚　⑨ほす　⑩野菜　⑪くだもの　⑫まめ　⑬粉　⑭お湯　⑮予定　⑯やく　⑰缶　⑱しょくじ　⑲にひき　⑳よくしゅう

● p26　1・2章クイズ
【1】 1. 翌　2. 杯　3. 拾　4. 袋　5. 捨
【2】①生活　②寝　③食事　④燃　⑤燃　⑥捨　⑦土曜日　⑧予定
【3】1. 冷　つめたい　2. 豆　えだまめ　菜　なまやさい　焼　やきざかな　3. 缶　かん　4. 末　しゅうまつ　事　ようじ　5. 塩　しおあじ
【4】①材料　②卵　③小麦粉　④牛乳　⑤果物　⑥量る　⑦型　⑧焼く　⑨度　⑩温める

◆ 3章　病院
● p28　体
①あたま　②せんとう　③ねんとう　④きょうとうせんせい　⑤かお　⑥くび　⑦ぶしゅ　⑧はなみず　⑨はな　⑩じびか
①口頭　②頭文字　③笑顔　④童顔　⑤顔色　⑥首　⑦首相　⑧鼻声
● p29　呼吸
①よんだら　②よぶ　③すわないで　④しんこきゅう　⑤すう　⑥きゅうそく　⑦いき　⑧いき　⑨りそく　⑩あせ
①呼ぶ　②呼吸　③吸い　④息　⑤息苦しい　⑥汗　⑦冷や汗　⑧発汗
● p30　検査
①てんけん　②たんけん　③けんさ　④しんさいん　⑤は　⑥むしば　⑦えいきゅうし　⑧しせき　⑨いたくて　⑩ずつう
①検査　②検討　③調査　④歯科　⑤歯ぐき　⑥痛む　⑦痛い　⑧苦痛
● p31　けが
①ち　②けっかん　③しけつ　④せっけっきゅう　⑤けつえき　⑥えきたい　⑦つつんで　⑧ほうたい　⑨いったい　⑩おび
①血　②出血　③血液型　④血色　⑤液体　⑥小包　⑦包帯　⑧地帯
● p32　救急
①すくう　②きゅうきゅうしゃ　③きゅうしゅつ　④たすかる　⑤たすける　⑥じょげん　⑦きゅうじょ　⑧しにそう　⑨なくなった　⑩びょうし
①救って　②救急箱　③助けた　④補助金　⑤死んで　⑥死亡　⑦亡命　⑧逃亡
● p33　復習
①あたま　②くび　③いたく　④こきゅう　⑤じびか　⑥あせ　⑦ほうたい　⑧しゅっけつ　⑨しぼう　⑩たすけた
①頭痛　②虫歯　③息　④笑顔　⑤鼻声　⑥検査　⑦一帯　⑧血液型　⑨助かる　⑩救急車

◆ 4章　交通
● p34　交差点
①かど　②つの　③かくど　④めいきょく　⑤まがらない　⑥うせつ　⑦みつおり　⑧おった　⑨すいろ　⑩いえじ
①角　②方角　③曲　④曲げない　⑤折れた　⑥左折　⑦通路　⑧道路
● p35　事こ
①おう　②おわれて　③ついとつ　④つく　⑤とつぜん　⑥ころがる　⑦ころげ　⑧ころぶ　⑨てんとう　⑩たおして
①追う　②追試　③突風　④衝突　⑤転がす　⑥自転車　⑦倒れる　⑧倒さん
● p36　位置
①いち　②じょうい　③くらい　④おく　⑤おき　⑥おきば　⑦おうてん　⑧よこがお　⑨よこがき　⑩ちゅうおう
①一位　②地位　③位　④設置　⑤置く　⑥横　⑦横断　⑧中央
● p37　高速道路①
①なおす　②ちょくぜん　③しょうじきな　④ただちに　⑤ろせんず　⑥せん　⑦さからう　⑧さかご　⑨ぎゃく　⑩がわ

①直線　②直った　③直後　④ローカル線　⑤逆らって　⑥逆転　⑦右側　⑧側面
● p38　高速道路②
①そそいで　②ちゅうい　③ちゅうもく　④いみ　⑤けつい　⑥はし　⑦いしばし　⑧すすめる　⑨しんがく　⑩しんぽ
①注意　②注ぐ　③注文　④意見　⑤意外に　⑥鉄橋　⑦歩道橋　⑧進路
● p39　復習
①よこ　②そそいだ　③がわ　④はし　⑤おって　⑥ちい　⑦おいて　⑧ちゅうおう　⑨ただちに　⑩ぎゃくてん
①曲がって　②正直に　③追う　④突然　⑤角　⑥進学　⑦注意　⑧倒れて　⑨南側　⑩線

● p40　3・4章アチーブメントテスト（配点：【1】【2】は各2点、【3】は各4点）
【1】1. ③　2. ④　3. ①　4. ④　5. ②
【2】1. ③　2. ①　3. ④　4. ①　5. ①
【3】①道路　②ついとつ　③直線　④横転　⑤おって　⑥かたがわ　⑦いっしゃせん　⑧注意　⑨きゅうじょ　⑩たすけだされた　⑪顔　⑫いき　⑬死亡　⑭不注意　⑮ろじょう　⑯転倒　⑰歯　⑱はな　⑲出血　⑳けんさ

● p42　3・4章クイズ
【1】①頭　②顔　③鼻　④歯　⑤首
【2】1. ①央　②横　2. ①意　②位　3. ①頭　②倒　4. ①救　②吸
【3】1. 頭痛 汗　2. 血 包 帯　3. 鼻　4. 血 検査　5. 歯痛 顔 歯
【4】①進めば　②角　③曲がる　④道路　⑤注意　⑥右折　⑦歩道橋　⑧反対側　⑨左側

◆ 5章　スポーツ
● p44　勝負
①たたかう　②まけいくさ　③さくせん　④けっていせん　⑤けつい　⑥あっしょう　⑦まさって　⑧しょうぶ　⑨ふたん　⑩せおって
①挑戦　②戦い　③決心　④多数決　⑤決める　⑥決勝　⑦負けて　⑧負かした
● p45　大会
①かわって　②かえて　③しょくじだい　④だいり　⑤みのしろきん　⑥ひょう　⑦あらわせない　⑧ひょうじ　⑨かいすうけん　⑩まわって
①時代　②交代　③表れて　④表　⑤代表　⑥毎回　⑦回して　⑧第一回
● p46　記録1
①しるす　②あんき　③きにゅう　④とうろく　⑤ろくおん　⑥ろくが　⑦すぐれた　⑧ゆうしょう　⑨ゆうせん　⑩しょうじょう
①日記　②記事　③記念　④記録　⑤録音　⑥優しい　⑦受賞　⑧賞金
● p47　記録2
①まいびょう　②びょうよみ　③ひざし　④じさ　⑤さ　⑥さべつ　⑦よそく　⑧そくてい　⑨じゅんじょ　⑩じゅんばん
①秒　②秒速　③大差　④差して　⑤測量　⑥計測　⑦順　⑧不順
● p48　野球
①ちきゅうぎ　②きゅうぎ　③だきゅう　④きょうだ　⑤だいだ　⑥とうだ　⑦とうしょ　⑧じゅうてん　⑨まんてん　⑩ごだてん
①野球部　②打った　③投手　④投げた　⑤同点　⑥利点　⑦点数　⑧交差点
● p49　復習
①かって　②しんきろく　③まけて　④てんすう　⑤なげて　⑥しょう　⑦あらわす　⑧やさしい　⑨たたかい　⑩だいいっかい
①打った　②決心　③地球　④差　⑤秒　⑥代表　⑦決めた　⑧計測　⑨投手　⑩順番

◆ 6章　感情
● p50　恋愛1
①かんじょうてきに　②あんしんかん　③かんどう　④なさけ　⑤ふぜい　⑥こいしい　⑦こう　⑧あいよう　⑨あいじょう　⑩だいれんあい
①感じた　②感想　③感心　④友情　⑤同情　⑥恋　⑦恋人　⑧愛

● p51　恋愛2
①しんらい　②しんごう　③くうそう　④あいそ（あいそう）　⑤つたえる　⑥つたって　⑦でんせつ　⑧でんごん　⑨でんとう　⑩ほっする
①信じて　②自信　③信用　④予想　⑤理想　⑥伝わった　⑦食欲　⑧欲しい
● p52　悩み
①くるしんで　②くるしめて　③にがみ　④くつう　⑤くじょう　⑥なやまされて　⑦こまった　⑧こんなん　⑨たえがたい　⑩なんしょ
①苦しい　②苦い　③苦労　④苦心　⑤悩んで　⑥困って　⑦難しくて　⑧難問
● p53　気持ちの表れ1
①おこられた　②げきど　③かなしい　④ひげき　⑤ひかん　⑥わらった　⑦ばくしょう　⑧ほほえんだ　⑨よろこばれた　⑩きどあいらく
①怒り　②悲しむ　③悲恋　④大笑い　⑤笑顔　⑥笑い声　⑦喜んで　⑧大喜び
● p54　気持ちの表れ2
①のこして　②ざんぎょう　③ざんせつ　④せんねん　⑤ねんがん　⑥しんねん　⑦ねん　⑧ないた　⑨ごうきゅう　⑩なみだごえ
①残って　②残念　③残さず　④入念に　⑤記念日　⑥泣き　⑦泣き虫　⑧涙
● p55　復習
①あいじょう　②れんあいちゅう　③りそうてきな　④なみだ　⑤なやんで　⑥おこられた　⑦ざんねん　⑧かなしい　⑨こんなん　⑩よろこんで
①感想文　②恋人　③伝言　④自信　⑤泣いた　⑥苦しかった　⑦困った　⑧難しい　⑨笑った　⑩欲しい

● p56　5・6章アチーブメントテスト（配点：【1】【2】は各2点、【3】は各4点）
【1】1.①　2.②　3.④　4.①　5.②
【2】1.②　2.③　3.①　4.①　5.④
【3】①悩み　②恋人　③一回　④野球　⑤せん　⑥うって　⑦勝ちたい　⑧わらって　⑨あいじょう　⑩悲しく　⑪なみだ　⑫れんあい　⑬信じて　⑭伝える　⑮むずかしい　⑯泣いたり　⑰おこったり　⑱かんじょうてきに　⑲困らせる　⑳やさしい

● p58　5・6章クイズ
【1】1．打　うって　2．秒　いちびょうさ　3．記　にっき　4．順　じゅんい　5．欲　ほしい
【2】1．決　2．記　3．苦　4．涙　5．感
【3】①だいひょう　②とうしゅ　③たま　④じしん　⑤しょうぶ　⑥やきゅう　⑦えがお　⑧じゅうななしょう　⑨さいたしょう　⑩ゆうしょう

◆ 7章　結婚
● p60　結婚
①むすぶ　②ゆわえる　③ゆう　④ゆって　⑤けっこん　⑥けっか　⑦きんこんしき　⑧しんこん　⑨しょうかい　⑩ちゅうかいりょう
①結ぶ　②結って　③結末　④結論　⑤婚約　⑥未婚　⑦自己紹介　⑧魚介
● p61　独身
①どくしん　②どくりつ　③ひとりごと　④みぢかな　⑤み　⑥しんちょう　⑦ちょきん　⑧きまつ　⑨きたい　⑩さいご
①独り立ち　②独身　③出身　④身分　⑤中身　⑥貯金　⑦期待　⑧新学期
● p62　婚約
①よやく　②かいやく　③はなたば　④やくそく　⑤かならず　⑥ひっしょう　⑦まもる　⑧こもりうた　⑨しゅび　⑩るす
①婚約　②約　③結束　④束　⑤必ず　⑥必死　⑦お守り　⑧厳守
● p63　結婚式
①せいしき　②けっこんしき　③しょしき　④ぎょうれつ　⑤れっとう　⑥いわう　⑦しゅくが　⑧ごしゅうぎ　⑨ふつかよい　⑩でいすい
①一式　②株式　③一列　④列車　⑤祝い　⑥祝日　⑦酔い　⑧酔っぱらい
● p64　幸せ
①えいえん　②えいじゅう　③ねがう　④がんしょ　⑤さいわいな　⑥さち　⑦しあわせ　⑧こううん　⑨ふく　⑩ふくし
①末永く　②願い事　③出願　④不幸　⑤幸せに　⑥幸　⑦幸福な　⑧祝福

● p65 復習
①しんちょう ②しゅっしん ③ゆわえて ④みまもって ⑤ぎょうれつ ⑥はなたば ⑦いっしき ⑧えいじゅう ⑨ふつかよい ⑩ひとりごと
①独立 ②予約 ③新婚 ④必ず ⑤紹介 ⑥貯金 ⑦幸せな ⑧祝福 ⑨願って ⑩お祝い

◆ 8章　関係
● p66　人間関係
①せきしょ ②かかわる ③げんかん ④かかりいん ⑤かんけい ⑥やわらぎ ⑦なごむ ⑧わしょく ⑨つく ⑩ふきん
①関東地方 ②関わる ③関心 ④関係 ⑤和らいだ ⑥和やかに ⑦片付ける ⑧付き合い
● p67　家族
①むすめ ②おいて ③ふけて ④けいろう ⑤ふうふ ⑥ふじんふく ⑦しゅふ ⑧しんぷ ⑨せい ⑩どうせいどうめい
①一人娘 ②娘 ③老いた ④老後 ⑤老夫婦 ⑥主婦 ⑦姓 ⑧姓
● p68　仲間
①なかよし ②ちゅうさい ③きみ ④くん ⑤かれ ⑥かのじょ ⑦おひがん ⑧ほか ⑨たごんむよう ⑩たにん
①仲 ②仲間 ③仲介 ④君 ⑤彼氏 ⑥彼女 ⑦その他 ⑧他国
● p69　友人
①なれそめ ②かきぞめ ③ういういしい ④しょにち ⑤ふたたび ⑥さいしけん ⑦さらいねん ⑧ひさしく ⑨えいきゅうに ⑩じょうたつ
①初め ②初めて ③初雪 ④初心 ⑤最初 ⑥再会 ⑦久しぶりに ⑧速達
● p70　個性
①いっこ ②こしつ ③こせいてき ④せいしつ ⑤あいしょう ⑥かっこく ⑦かくじ ⑧かく ⑨しかく ⑩しっかく
①個人的な ②個性 ③女性客 ④水性 ⑤冷え性 ⑥各々 ⑦合格祈願 ⑧性格
● p71　復習
①かかわって ②わしょく ③むすめ ④ふけて ⑤こせい ⑥くん ⑦ほか ⑧しょしん ⑨さらいげつ ⑩かく
①関係 ②夫婦 ③同姓同名 ④老後 ⑤個性的 ⑥性格 ⑦仲 ⑧初めて ⑨再会 ⑩速達

● p72　7・8章アチーブメントテスト（配点：【1】【2】は各2点、【3】は各4点）
【1】1. ① 2. ② 3. ③ 4. ② 5. ③
【2】1. ① 2. ③ 3. ④ 4. ① 5. ④
【3】①そめ ②けっこん ③祝った ④友達 ⑤紹介 ⑥つきあい ⑦婚約 ⑧まもる ⑨ひさしぶり ⑩酔った ⑪せいかく ⑫君 ⑬どくしん ⑭祝福 ⑮けっこんしき ⑯仲 ⑰じょうたつ ⑱娘 ⑲しあわせ ⑳ねがって

● p74　7・8章クイズ
【1】1. 結 2. 娘 3. 姓 4. 仲 5. 係 6. 約 7. 紹
【2】1. 他　たにん　たしゃ 2. 各　かっこく　かくち 3. 初　はつゆき　しょしん 4. 再　さいかい　さいせい 5. 身　みぶん　しんちょう
【3】①幸せ ②独立 ③各地 ④個性 ⑤娘 ⑥貯金 ⑦和食
【4】①けっこん ②ふうふ ③さいかい ④つきあって ⑤こせい ⑥かれ ⑦しあわせな ⑧かならず ⑨まもる ⑩やくそく ⑪ねがって ⑫すえながく

◆ 9章　学校
● p76　子ども
①おさない ②ようちえん ③ようしょうき ④おさない ⑤じどう ⑥にゅうじ ⑦しょうにか ⑧どうわ ⑨わらべうた ⑩せいと
①幼い ②幼児 ③児童 ④育児 ⑤小児科 ⑥童心 ⑦生徒 ⑧徒歩
● p77　先生
①かつぐ ②になう ③たんとう ④まかせる ⑤ふたん ⑥いし ⑦くむ ⑧くみ ⑨くみたてる ⑩そしき
①任される ②担う ③担任 ④教師 ⑤調理師 ⑥組んで ⑦組み合わせ ⑧番組

● p78 教室
①つくえ ②つくえ ③すわった ④せいざ ⑤いた ⑥こくばん ⑦けいじばん ⑧ふで ⑨えんぴつ ⑩まんねんひつ
①机 ②座って ③正座 ④まな板 ⑤板書 ⑥筆者 ⑦筆記試験 ⑧筆
● p79 社会科
①せいじ ②せいふ ③おさめて ④なおる ⑤なおして ⑥へて ⑦けいざい ⑧けいけん ⑨すんだら ⑩すました
①政治 ②治まった ③治す ④治療 ⑤経て ⑥経験 ⑦済まして ⑧返済
● p80 体育
①どうぐ ②ぶんぐてん ③ぐたいれい ④はこ ⑤あきばこ ⑥ぼう ⑦ぼう ⑧のびた ⑨さしのべる ⑩くっしん
①家具 ②遊具 ③箱 ④ゴミ箱 ⑤鉄棒 ⑥棒グラフ ⑦伸ばしたい ⑧伸び
● p81 復習
①になう ②ひっしゃ ③せいふ ④まかせられる ⑤すわって ⑥おさない ⑦つくえ ⑧しょうにか ⑨のびた ⑩ちりょう
①教師 ②組 ③黒板 ④家具 ⑤箱 ⑥童話 ⑦済んだら ⑧生徒 ⑨経済 ⑩棒

◆ 10章 受験
● p82 希望
①きしょう ②きぼう ③ぼうえんきょう ④のぞんで ⑤ゆめ ⑥ゆめ ⑦むちゅう ⑧まと ⑨ぜんこくてきに ⑩もくてき
①希望 ②望む ③失望 ④悪夢 ⑤夢 ⑥的中 ⑦代表的 ⑧計画的
● p83 学校探し
①かのうな ②かのうせい ③さいのう ④のうりょくしけん ⑤ととのった ⑥ちょうし ⑦しらべる ⑧ちょうさ ⑨えらぶ ⑩せんきょ
①不可能な ②能力 ③性能 ④体調 ⑤順調 ⑥調える ⑦選ばれた ⑧選手
● p84 面接1
①めんせつ ②おもなが ③そとづら ④めんして ⑤つぐ ⑥せっきん ⑦うける ⑧じゅけん ⑨おとした ⑩おちて
①正面 ②面 ③接する ④受かって ⑤受信 ⑥受け取った ⑦落とす ⑧落語
● p85 面接2
①にばい ②ばいりつ ③ひといちばい ④ひきいて ⑤かくりつ ⑥たいらに ⑦ひらしゃいん ⑧へいじつ ⑨へいきん ⑩きんいつ
①三倍 ②効率 ③引率 ④平和な ⑤平成 ⑥平らな ⑦平 ⑧平等に
● p86 成績
①なる ②なし ③せいこう ④せいせき ⑤ぎょうせき ⑥よくない ⑦りょうこう ⑧わるく ⑨わるぎ ⑩おかん
①完成 ②成長 ③達成 ④成人式 ⑤実績 ⑥不良品 ⑦悪口 ⑧悪化
● p87 復習
①ばいりつ ②せいちょう ③いんそつ ④わるぐち ⑤うかった ⑥ふかのう ⑦そとづら ⑧りょうこうな ⑨めんせつ ⑩たいちょう
①希望 ②落として ③夢中 ④率いて ⑤性能 ⑥目的 ⑦平均 ⑧選ばれた ⑨調べる ⑩成績

● p88 9・10章アチーブメントテスト（配点：【1】【2】は各2点、【3】は各4点）
【1】1.② 2.③ 3.③ 4.④ 5.④
【2】1.② 2.① 3.④ 4.② 5.③
【3】①まと ②組 ③たんにん ④生徒 ⑤えらばれた ⑥へいきんてん ⑦悪かった ⑧おちこんで ⑨治る ⑩ぶんぐ ⑪済まして ⑫すわって ⑬てつぼう ⑭伸びて ⑮受験 ⑯筆記 ⑰めんせつ ⑱倍率 ⑲きぼう ⑳せいざ

● p90 9・10章クイズ
【1】①ようちえん ②きょうし ③いし ④せいじ ⑤せんしゅ
【2】①面接 めんせつ ②徒歩 とほ ③希望 きぼう ④筆記 ひっき
【3】①まじめ ②調理師 ③ぎょうせき ④夢 ⑤えんぴつ ⑥落としたり ⑦こくばん ⑧的
【4】①くみ ②たんにん ③せいせき ④わるく ⑤すわって ⑥おちこむ ⑦ゆめ ⑧かのうせい ⑨

いし ⑩のび
● p92　1-10章まとめテスト（配点：【1】【2】は各2点、【3】は各4点）
【1】1. ④　2. ③　3. ②　4. ③　5. ④
【2】1. ①　2. ①　3. ②　4. ③　5. ④
【3】①優勝　②せんしゅ　③落ちて　④いち　⑤悩んだ　⑥きろく　⑦伸びなくて　⑧じき　⑨信じて　⑩涙　⑪さくねん　⑫結婚　⑬むすめ　⑭喜んで　⑮残念な　⑯けっか　⑰あたたかい　⑱助けられ　⑲夢　⑳笑顔

◆ 11章　授業
● p94　授業
①さずかる　②かみわざ　③がくぎょう　④じゅぎょう　⑤ざんぎょう　⑥しょきゅう　⑦こうきゅうな　⑧どうきゅうせい　⑨しんそつ　⑩そつぎょう
①授ける　②授業　③教授　④休業　⑤業界　⑥中級　⑦進級　⑧卒業
● p95　欠席
①かけて　②かいて　③けっせき　④せき　⑤しゅっせき　⑥よし　⑦けいゆ　⑧りゆう　⑨やくして　⑩もうしわけ
①欠ける　②欠点　③指定席　④座席　⑤自由な　⑥由来　⑦通訳　⑧言い訳
● p96　説明
①たとえば　②れいねん　③やさしい　④あんいに　⑤ぼうえき　⑥といて　⑦げねつざい　⑧りかい　⑨といた　⑩せつめい
①例　②例外　③実例　④安易に　⑤解説　⑥読解　⑦説明　⑧小説
● p97　努力
①おぼえた　②さます　③はっかく　④じかく　⑤わすれもの　⑥ぼうねんかい　⑦つとめる　⑧どりょくか　⑨つづける　⑩れんぞく
①覚めた　②感覚　③味覚　④忘れた　⑤努める　⑥努力　⑦降り続いて　⑧続行
● p98　勉強
①いる　②かなめ　③ひつような　④ようやく　⑤おうふく　⑥ふっき　⑦おぎなって　⑧ほしゅう　⑨きめ　⑩こうかてきな
①主要な　②要注意　③回復　④復習　⑤補給　⑥立候補　⑦無効　⑧有効に
● p99　復習
①さずかった　②けっせき　③やくした　④れいねん　⑤やさしい　⑥どりょく　⑦れんぞく　⑧とけた　⑨いる　⑩きいて
①高級　②卒業　③出席　④覚える　⑤忘れて　⑥復習　⑦理解　⑧説明　⑨補う　⑩理由

◆ 12章　地球
● p100　生物
①たね　②ひんしゅ　③たぐい　④しゅつがんしょるい　⑤しゅるい　⑥そんぞく　⑦ほぞん　⑧そんざい　⑨ありかた　⑩ざいがくちゅう
①種　②予防接種　③分類　④衣類　⑤存在　⑥温存　⑦生存者　⑧在宅
● p101　天体
①たいよう　②さんようちほう　③ようきな　④きょだいな　⑤きょまん　⑥ひょうてんか　⑦かわ　⑧ひょうが　⑨かせん　⑩うんが
①太陽　②陽性　③巨人　④巨額　⑤氷　⑥かき氷　⑦氷山　⑧河口
● p102　自然
①しき　②きせつ　③きこう　④てんこう　⑤あたたかく　⑥あたたまって　⑦おんだんか　⑧ながれて　⑨ながし　⑩りゅうこう
①雨季　②冬季　③候補者　④暖める　⑤暖かい　⑥暖冬　⑦流れ　⑧流氷
● p103　地形1
①かたち　②せいけい　③にんぎょう　④そこ　⑤てっていてきに　⑥ふかい　⑦ふかまり　⑧しんや　⑨あさく　⑩せんぱくな
①形　②形式　③底　④底辺　⑤海底　⑥深める　⑦深海魚　⑧浅い
● p104　地形2
①しまぐに　②れっとう　③むじんとう　④ちゃくりく　⑤じょうりく　⑥きしべ　⑦かいがん　⑧たいがん　⑨さかみち　⑩さか

171

①島　②半島　③陸　④陸上　⑤大陸　⑥川岸　⑦お彼岸　⑧坂
● p105　復習
①ざいたく　②そんざいかん　③ひょうてんか　④きょだいな　⑤ようきな　⑥きこう　⑦うんが　⑧そこ　⑨しんや　⑩たいりく
①種類　②太陽　③形式　④四季　⑤暖かい　⑥流れて　⑦浅い　⑧島　⑨坂道　⑩海岸

● p106　11・12章アチーブメントテスト（配点：【1】【2】は各2点、【3】は各4点）
【1】1.②　2.③　3.①　4.②　5.③
【2】1.④　2.①　3.①　4.③　5.②
【3】①じゅうような　②ざいがくちゅう　③じゅぎょう　④復習　⑤かいせつしょ　⑥覚えましょう　⑦忘れずに　⑧しんきゅう　⑨ほしゅう　⑩よんしゅるい　⑪出席　⑫こうか　⑬努力　⑭つづけて　⑮欠席　⑯必要　⑰理由　⑱説明　⑲こうりゅうかい　⑳深めましょう

● p108　11・12章クイズ
【1】①説明　②補習　③有効　④種類　⑤理解　【2】な　【3】1.復習　2.欠席　3.卒業　4.努力　5.通訳
【4】①自由に　②かんかく　③しゅるい　④深めましょう　⑤かいてい　⑥ひょうが　⑦たいよう　⑧四季　⑨れっとう　⑩巨大

◆ 13章　旅行
● p110　旅行1
①じゅんび　②せつび　③しゅび　④そなえて　⑤むかえる　⑥でむかえ　⑦そうげい　⑧かわる　⑨へんな　⑩へんか
①準優勝　②準備　③備わって　④予備　⑤迎える　⑥送迎　⑦変えて　⑧変
● p111　旅行2
①とぶ　②ひこうき　③うつった　④うつされた　⑤いじゅう　⑥のぼる　⑦とざんどう　⑧とまる　⑨とめる　⑩にはくみっか
①飛ばす　②飛び出した　③移動　④移植　⑤移転　⑥登山　⑦登録　⑧宿泊
● p112　ツアー
①だんたいきゃく　②だんけつ　③がくだん　④ふとん　⑤にってい　⑥さきほど　⑦おうべい　⑧おうしゅう　⑨きゅうしゅう　⑩さんかくす
①団体　②団地　③日程　④程　⑤程度　⑥欧米化　⑦本州　⑧九州
● p113　観光1
①かんこうち　②しゅかんてきな　③かんきゃく　④こぶね　⑤ふなもり　⑥えんげい　⑦げいじゅつ　⑧げいのうかい　⑨えんぜつ　⑩えんじる
①観　②観葉　③観光　④船　⑤文芸　⑥伝統芸能　⑦開演　⑧演技
● p114　観光2
①ほとけさま　②ほとけごころ　③だいぶつ　④かみ　⑤しんけいしつな　⑥まつる　⑦なつまつり　⑧さいじつ　⑨かいが　⑩あぶらえ
①念仏　②仏教　③神社　④失神　⑤文化祭　⑥雪祭り　⑦絵本　⑧絵の具
● p115　復習
①きゅうしゅう　②じゅんゆうしょう　③しんけいしつ　④おうべいか　⑤だんたい　⑥かいが　⑦えんじる　⑧じんじゃ　⑨ぶっきょう　⑩ふね
①迎え　②夏祭り　③日程　④備えて　⑤芸能人　⑥観光客　⑦飛んで　⑧変　⑨二泊三日　⑩移動

◆ 14章　家
● p116　室内1
①おして　②おうしゅう　③おさえた　④ひける　⑤ごういんに　⑥とる　⑦しゅざい　⑧きえる　⑨けす　⑩しょうぼうしゃ
①押された　②引く　③引火　④引き出す　⑤引用　⑥取り消す　⑦消しゴム　⑧消化
● p117　室内2
①と　②とだな　③もんこ　④まど　⑤まど　⑥しゃそう　⑦ろっかい　⑧かいだん　⑨いしだん　⑩しゅだん
①あみ戸　②一戸建て　③同窓会　④窓　⑤窓口　⑥4階　⑦3段目　⑧段階

● p118　植物
①うえる　②しょくぶつ　③いしょく　④は　⑤ことば　⑥おちば　⑦み　⑧じっか　⑨ねもと　⑩きゅうこん
①植わって　②植木　③紅葉　④実　⑤実力　⑥根　⑦屋根　⑧根本
● p119　建築
①たつ　②こんりゅう　③きずく　④しんちく　⑤かまえる　⑥こうぞう　⑦たてもの　⑧つくる　⑨もくぞう　⑩ぞうか
①建てる　②建築　③築　④構成　⑤構内　⑥構わない　⑦建造物　⑧造船業
● p120　室内3
①もうける　②けんせつ　③せってい　④はしら　⑤でんちゅう　⑥きんこ　⑦むいた　⑧むかう　⑨むこう　⑩ほうこう
①設計　②設立　③建設　④大黒柱　⑤車庫　⑥向いて　⑦向けて　⑧向上心
● p121　復習
①けす　②だいこくばしら　③しんちく　④もくぞう　⑤おされて　⑥じつりょく　⑦いっこだて　⑧きんこ　⑨うえた　⑩こんりゅう
①紅葉　②構える　③屋根　④階段　⑤設計　⑥取り消した　⑦向いたら　⑧築　⑨窓　⑩強引な

● p122　13・14章アチーブメントテスト（配点：【1】【2】は各2点、【3】は各4点）
【1】1. ③　2. ②　3. ④　4. ③　5. ④
【2】1. ①　2. ③　3. ②　4. ③　5. ②
【3】①にかい　②移りたい　③しんちく　④構造　⑤備え　⑥階段　⑦と　⑧うえられ　⑨紅葉　⑩南向き　⑪いっこだて　⑫窓　⑬かみさま　⑭神社　⑮夏祭り　⑯かんこうきゃく　⑰建築家　⑱設計　⑲絵　⑳準備

● p124　13・14章クイズ
【1】造　引　根　段
【2】1. ①欧　②押　2. ①絵　②階　3. ①芸　②迎
【3】①おうしゅう　②だんたい　③かんこうきゃく　④げいじゅつ　⑤そうげい　⑥いどう　⑦かいえん　⑧にってい　⑨ひこうき　⑩しゅくはく　⑪かわる　⑫とりけす

◆ 15章　仕事
● p126　求職
①つかえる　②しかた　③ちからしごと　④しょく　⑤しゅうしょく　⑥もとめた　⑦ようきゅう　⑧きゅうしょくちゅう　⑨さぐる　⑩さがした
①仕送り　②仕事　③職業　④転職　⑤求めている　⑥求人　⑦探し物　⑧探検
● p127　マナー
①つねに　②とこなつ　③つうじょうどおり　④じょうしき　⑤むいしきに　⑥うしなって　⑦しつぎょう　⑧しっぱい　⑨おれい　⑩れいぎ
①常に　②日常　③知識　④意識　⑤失った　⑥失望　⑦礼金　⑧失礼
● p128　仕事1
①くろう　②ひろう　③しゃいん　④てんいん　⑤かいいん　⑥けいさつかん　⑦きかん　⑧かんみん　⑨ゆうびんきょく　⑩きょくちてきに
①労働　②心労　③全員　④満員　⑤駅員　⑥外交官　⑦結局　⑧薬局
● p129　仕事2
①やめる　②じしょ　③じたい　④しりぞいた　⑤たいくつな　⑥たいがく　⑦つもって　⑧つみたい　⑨せっきょくてきに　⑩めんせき
①辞典　②辞職　③退ける　④引退　⑤退職　⑥積んで　⑦積む　⑧山積み
● p130　給料
①きゅうりょうび　②じきゅう　③おさめる　④おさめた　⑤しゅうしゅう　⑥きゅうしゅう　⑦ささえて　⑧しはいにん　⑨あつく　⑩おんこうな
①初任給　②自給自足　③収まる　④収入　⑤支持　⑥収支　⑦支出　⑧厚くて
● p131　復習
①しかた　②がいこうかん　③にちじょう　④ちしき　⑤おんこうな　⑥ささえる　⑦しりぞく　⑧きゅうじん　⑨つもって　⑩しつれいな
①職業　②店員　③探して　④辞書　⑤吸収　⑥苦労　⑦失って　⑧時給　⑨局　⑩お礼

◆ 16章　会議
● p132　会議1
①かいぎ　②ぎじろく　③さんせい　④さんどう　⑤そりかえって　⑥はんせい　⑦いはん　⑧はんたい　⑨ぜったいに　⑩つい
①会議　②議題　③自画自賛　④賛成　⑤反って　⑥反らして　⑦対立　⑧対
● p133　会議2
①こうていてきな　②いなや　③ひてい　④さんぴ　⑤たもつ　⑥ほぞん　⑦とまらない　⑧かきとめ　⑨ほりゅう　⑩るす
①肯定側　②合否　③保つ　④保育園　⑤留める　⑥留意　⑦留学　⑧留守番
● p134　会議3
①はんけつ　②はんてい　③ひょうばん　④たつ　⑤だんてい　⑥たしかめる　⑦たしか　⑧かくりつ　⑨みとめて　⑩にんしき
①判断　②断った　③切断　④確かめる　⑤確かに　⑥正確　⑦認める　⑧確認
● p135　会議4
①むくいる　②じょうほう　③つげる　④ほうこく　⑤つらなって　⑥つれて　⑦れんぞく　⑧からまって　⑨からんで　⑩れんらくしゅだん
①速報　②予報　③告げる　④広告　⑤連ねる　⑥連休　⑦絡める　⑧連絡
● p136　会議5
①あいて　②あいしょう　③しんそう　④しゅしょう　⑤じょうだん　⑥おやゆび　⑦さして　⑧してい　⑨しめして　⑩あんじ
①相手　②相思相愛　③商談　④相談　⑤外相会談　⑥指示　⑦指して　⑧示して
● p137　復習
①ことわった　②みとめた　③つげた　④からまった　⑤そらせて　⑥たもって　⑦さんぴ　⑧あいて　⑨しじ　⑩かいぎ
①賛成　②反対　③報告　④否定　⑤保留　⑥判断力　⑦確認　⑧連続　⑨連れて　⑩相談

● p138　15・16章アチーブメントテスト（配点：【1】【2】は各2点、【3】は各4点）
【1】1. ②　2. ①　3. ④　4. ①　5. ③
【2】1. ②　2. ③　3. ②　4. ①　5. ②
【3】①仕事　②くろう　③駅員　④探し　⑤かくにん　⑥はんだん　⑦相手　⑧しつれいな　⑨じょうしき　⑩職　⑪やめて　⑫しじ　⑬確かめたり　⑭相談　⑮つねに　⑯かいぎ　⑰連れて　⑱きゅうりょうび　⑲知識　⑳みとめて

● p140　15・16章クイズ
【1】1. 職　2. 判　3. 退　4. 厚　5. 格
【2】1. 連　2. 報　3. 談　4. 留　5. 失　6. 退　7. 確
【3】1. きゅうじん　2. こうこく　3. てんいん　4. そうだん　5. じきゅう　6. しきゅう　7. しごと　8 れんらく
【4】活動　常識　情報　知識　相談　反対　賛成

◆ 17章　会社
● p142　経えい者
①さいだい　②さいたん　③ふくしゃちょう　④ふくしょう　⑤すいどうかん　⑥かんりしょく　⑦くだ　⑧にんきもの　⑨けいえいしゃ　⑩きしゃ
①最も　②最後　③最近　④最高　⑤副作用　⑥保管　⑦若者　⑧作者
● p143　世代
①あらわした　②あらわれた　③じつげん　④きゅうせい　⑤きゅうか　⑥むかしばなし　⑦じかい　⑧ついで　⑨しだい　⑩せきじひょう
①現れた　②現実的な　③現在　④表現　⑤旧友　⑥旧正月　⑦昔　⑧次
● p144　予算
①ついえた　②がくひ　③しょくひ　④かいひ　⑤しょうひしゃ　⑥さんすう　⑦おとも　⑧きょうきゅう　⑨しょうひぜい　⑩ぜいかん
①費やした　②費用　③予算　④計算　⑤供える　⑥てい供　⑦税金　⑧関税
● p145　工場
①きかい　②きかい　③きかん　④はた　⑤あぶない　⑥あやうく　⑦あやぶまれる　⑧きき　⑨きけんせ

い ⑩けわしい
①機械化 ②機能 ③動機 ④危ない ⑤危うい ⑥危険な ⑦険しい ⑧保険
● p146　貿易
①わざ ②じつぎ ③えんぎ ④ぎじゅつ ⑤びじゅつかん ⑥しゅじゅつ ⑦ぼうえき ⑧あきなう ⑨しょうてん ⑩しょうぎょう
①技 ②特技 ③球技 ④技術 ⑤芸術 ⑥貿易 ⑦商品 ⑧商社
● p147　復習
①ふくしゃちょう ②にんきもの ③きゅうせい ④あらわれた ⑤きかん ⑥きけんな ⑦ぜいきん ⑧かんりしょく ⑨さいきん ⑩むかし
①商品 ②保管 ③消費税 ④次 ⑤お供 ⑥貿易 ⑦機械化 ⑧計算 ⑨技術 ⑩表現

◆ 18章　単位
● p148　単位1
①たんどく ②かんたん ③ふくすう ④ちょうふく ⑤まったく ⑥すべて ⑦ぜんぶ ⑧ぜんぜん ⑨いご ⑩いか
①簡単な ②単位 ③複数 ④安全 ⑤かん全な ⑥全体 ⑦以上 ⑧以内
● p149　単位2
①みらい ②みまん ③みちて ④みたした ⑤ふまん ⑥まんぞく ⑦ない ⑧むきゅう ⑨ぶじに ⑩ひじょうしき
①未定 ②未成年 ③満ちて ④満席 ⑤無口 ⑥無理な ⑦非難 ⑧非常口
● p150　単位3
①いちおく ②さんおくえん ③おくまんちょうじゃ ④きざす ⑤きざし ⑥いっちょうえん
①1億円 ②兆し ③前兆 ④兆
● p151　復習
①まんぞく ②なんおく ③いない ④たんい ⑤ふくすう
①兆し ②未満 ③全然 ④無理な ⑤非常口

● p152　17・18章アチーブメントテスト（配点：【1】【2】は各2点、【3】は各4点）
【1】1.② 2.③ 3.④ 4.① 5.①
【2】1.① 2.① 3.① 4.② 5.①
【3】①ふくしゃちょう ②きかいこうがく ③技術 ④昔 ⑤きかい ⑥危ない ⑦かんりしょく ⑧あんぜん ⑨ぜんいん ⑩危険 ⑪もっとも ⑫危機 ⑬以前 ⑭費用 ⑮現在 ⑯つぎ ⑰億 ⑱たんい ⑲満足 ⑳いっちょうえん

● p154　17・18章クイズ
【1】1.未 2.億 3.複 4.管 5.険
【2】1.未 みらい みてい 2.無 むくち むりょう 3.非 ひなん ひじょう 4.全 ぜんいん ぜんりょく 5.以 いない いぜん
【3】①もっとも ②さいこうぎじゅつ ③けんせつひ ④ごひゃくおく ⑤いじょう ⑥ひじょうに ⑦きけん ⑧げんば ⑨きかい ⑩かんり ⑪むり ⑫げんざい
【4】副　最　億　兆　機械　技術力　次　管理　全　予算

● p156　11-18章まとめテスト（配点：【1】【2】は各2点、【3】は各4点）
【1】1.③ 2.① 3.④ 4.② 5.④
【2】1.④ 2.③ 3.① 4.③ 5.②
【3】①理由 ②卒業 ③ぼうえき ④仕事 ⑤しまぐに ⑥りゅうがく ⑦相談 ⑧安全 ⑨きこう ⑩おんだん ⑪説明 ⑫賛成 ⑬しゅるい ⑭覚える ⑮大変 ⑯じゅぎょう ⑰さいきん ⑱しつれいな ⑲そんざい ⑳苦労

한자마스타(漢字マスター) JLPT N3 개정판
Kanji for advanced level

초 판 발 행	2023년 8월 01일
초 판 1 쇄	2023년 8월 01일
판 저 자	アークアカデミー
	遠藤 由美子 齊藤 千鶴 樋口 絹子 細田 敬子 是永 晴香
	下重 ひとみ 石橋 彩
펴 낸 이	박재천
펴 낸 곳	모닝에듀㈜
등 록 일 자	2009년 10월 28일
등 록 번 호	제2009-000290호
주 소	서울시 강남구 남부순환로 363길 13 백광빌딩 3층
전 화 번 호	02-6253-2004 팩 스 02-6253-2006
홈 페 이 지	www.morningedu.com
네이버블로그	https://blog.naver.com/morningedu2004

일본 ㈜삼수사(三修社)와 독점 라이선스 출판

* 이 교재의 내용을 저자 및 출판사의 사전 허가 없이 전재하거나 복제할 경우
  법적인 제재를 받게 됨을 알려드립니다.
* 잘못된 책은 구입하신 서점이나 본사로 연락 주시면 교환해 드립니다.

ISBN 978-89-98323-13-4
ISBN 978-89-98323-10-3 (세트)
값 18,000원

KANJI MASTER N3 REVISED EDITION

Copyright © 2021 by ARC ACADEMY All rights reserved.
No part of this book may be used or reproduced in any manner whatsoever without written permission except in the case of brief quotations embodied in critical articles and reviews.
Originally published in Japan by SANSHUSHA Publishing Co., Ltd.

Korean translation copyright ©2023 by MORNINGEDU CORP.
Korean edition is published by arrangement with SANSHUSHA Publishing Co., Ltd. through BC Agency